靈界鬼魂會講話

鬼魂生態專家
林吉成 著

原書名：靈界導遊：帶你進入靈界聽靈界說鬼話

序言

自古至今鬼魂均會穿梭在陰陽兩界，平時鬼魂在陰間鬼靈是渺渺茫茫，晃來晃去閒遊自如，出靈在陽間時飄遙自在，陽人卡撞陰邪會心生畏懼，魂飛魄散，鬼魂形體如茫霧，陽人很難辨別男鬼或女鬼，更難區分是鬼魂或妖魔，無論鬼魂妖魔出靈在陽間時，均是千山萬水我獨行，山頂平路同有鬼魂路。善鬼乞食，兇鬼要人命，鬼真會愛上人類嗎？且會與陽人性慾嗎？肯定會的，陽人被陰鬼姦淫有如表演活春宮，陽男多犯女鬼，陰女多犯男鬼，人之精神空虛與耗弱時，三魂七魄失神時，鬼魂即會趁虛侵體欺魂，來與犯者同眠相淫。又陰天與黃昏是鬼魂出沒最頻繁的時間，陽人懼鬼如懼雷，民間習俗在農曆七月會辦流水席，邀請五方十路無主孤魂來享食，鬼魂與陽人相同，會有病痛不能飲食，太乙救苦天尊會聞聲救苦渡眾生。農曆七月是鬼魂放假回陽間度假，月底道家扮跳鍾馗驅趕鬼魂回陰府，通常神明與道家不追殺鬼魂，除非鬼魂頑抗耍賴，道家與神明才會違反戒律大開殺戒，否則鬼魂與陽人眾生平等。

目錄

敬告讀者

本書之語句與內意，均是當事人與其家人反應的轉述紀錄，筆者並沒刻意編造或增加情節，以及文句修飾。依著作權法需保護當事人的名譽與隱私，所有姓名、住址、電話、均必須保留不公開。

鬼魂的動態非一般常人所能理解，陽人雖喜閱讀鬼故事，卻沒有膽識見真鬼魂，陰間的鬼魂常有無理的乞討索求，也常有無理取鬧與耍賴，兇猛的鬼魂實是傷人無數，讓陽人心生恐懼浮躁不安。其實鬼魂與陽人性向是相近的，因筆者經過長年的鑽研，也接觸過數百鬼魂案例，故編著本書，只要讀者有興趣加耐心鑽研深讀，即能洞悉陰間的鬼魂生態。兇鬼與善鬼各有一面，兇鬼會在陽間傷人匪淺，其實善鬼也有被陽人憐憫的一面，犯到鬼魂之當事人大多有精神意識模糊不清，在轉述時常有片段或接續不很順暢，研讀起來較費時吃力，若讀者對鬼魂存有疑問，抑或想深入知悉鬼魂之動態者，可電話諮詢，02-29849687林老師。

閱讀鬼魂故事須先了解臟腑生理

人體臟腑依序木火土金水，又依春夏秋冬一年四季在運轉。木主東又主肝，肝藏血開竅在眼，肝藏魂又主淚水，火主南又主心，心藏神開竅在舌，心藏火又出涎水，土主中央又主脾，脾貯血開竅在唇，脾藏形又出汗水，金主西又主肺，肺藏氣開竅在鼻，肺藏魄又出聲音，水主北又主腎，腎藏精開竅在耳，腎藏水又出力氣，人體五臟，肝主魂主肉體，心主火主精神，脾主形主動靜，肺主魄主膽量，腎主水主顏色。人體五臟六腑足能左右個人生老病死苦，也能左右個人婚姻完美與破離，更能左右個人事業與官途，貧病交加家徒四壁，臟腑及生理健康與否，足以改變個人生性、精神、舉動、勤懶、貪偏、兇邪——善惡。人體臟腑生理主依成長生活環境隨時在變化，成者滿足眼前事物之現有，敗者貪又賤常嫌衣食惡。

肝臟

肝主藏血竅眼又藏魂出淚水，肝血喜條達流暢，血脈循行，肝藏血主宰於人體、乳頭、肚臍、生殖器官。乳頭主哺養子女工具，肚臍主智慧反應工具，生殖器主男女性慾工具，又主排泄工具。肝開竅於眼，眼主辨別事物工具，肝血受心火蒸發刺激即流淚，眼又主流淚排泄工具。肝主藏魂，人體暗藏三魂，幼孩魂魄未定前易受驚嚇而哭且犯病，成人若受驚嚇過度即失魂成病而恍惚。白天魂附體，晚間睡眠動態夜靜時，魂即離體遠遊，人在睡眠未醒前不可驚恐喊叫，若受驚恐而醒時，常有魂尚未附體即會失魂而精神恍惚。人在睡眠時常有夢遊之說，夢見某事、某人、某物，夢中驚恐而醒時則滿身大汗，且魂未附體前身不自在。人往生後之三魂，一魂在地府受閻王監管，一魂在墳墓受土地公監管，一魂在祖先牌位上受後代子孫奉拜。

三陽三陰

人體臟腑，肝主藏血，肝又開竅於眼，肝健血量足血清眼亦明，肝虛血量不足眼視力亦模糊，眼為辨別萬物之監察官。男左眼為三陽，右眼為三陰，女右眼為三陽，左眼為三陰，日為陽，月為陰，日月相照辨萬物。端觀眼神流露論人心善惡，貴人眼秀神清，富人眼神藏光，賊人眼神流露斜視，貧人眼神昏沉無光，淫人眼神流視浮露，武將眼神藏威懼人，文官眼神清澈，毒人眼兇神浮露。臟腑肝健神清眼明天地之大，相理之秀男女均主氣度風範，學識章理深，一生胸懷大志，肝虛眼濁神昏天地昏黯，有志難展。日月分明，白睛如玉，睛瞳黑澈透清，兩眼光明人生好創展，婚姻配良緣。眼神清澈萬人歸隨身邊多心腹，一生不貪人財物。眼神流視周圍無庸無心腹，平生貪人財物無數。男女顯富顯貴需有眉清目秀，俗說發科一雙眼，及第兩道眉，眉順飛揚，學識章理智慧高，眼明神清能主位，商業、官職、勞職，眼方長睛大神清定知君多賢女敢言。

腹臍

肝臟主宰於腹臍人生財智，臍欲圓寬，欲深清，臍忌扁小，忌淺濁，臍壁周圍欲清潤，不欲灰濁似蒙塵。臍圓寬大深明能容李，主財富如山積，又平生智慧章理深，有事業，有婚姻。肝臟健壯主臍清人貴，肝臟虛弱主臍濁人貧，臍寬臍深臍清，平生好創展又容財富，智慧學識章理深。臍窄臍淺臍濁，平生難伸展財不聚，智慧淺章理亂。臍圓大又深者心胸寬大，生性善良有良知道德。臍扁小淺濁畸形者心胸狹窄，生性怪僻且無德。臍凸露者人生愚貧，婚姻庸俗創展難。臍圓大且深，子女才華成器，父母子女感情融洽。臍淺小又畸形，子女頑劣無才，父母子女感情淡薄，子女難管教。臍相朝上者智慧高，是非果斷謀事有衝勁，臍相下垂者生性愚蠢，謀事懶散。臍生位置過高，平生無識量遠計，臍生位置過低，平生無謀少良策。臍圓寬深明，平生多財智福祿，反則財薄智淺多災迍。貧苦之男女多為臍小灰黑如蒙塵，貧之人多為臍黑凸露。生性怪僻之人多為臍畸形，貴相之人多為臍深臍清，智慧財富之人多為臍寬臍圓臍深。

發色

木五行色／青氣色主是發於肝膽臟經。五行氣色屬木，主青色，木青方向主東方，季令在春天。青色有潤主來龍旺氣色，春季青濃淡薄災殃輕尚無妨。青色濃濁現出在春秋冬三季，主是憂驚與煩憂。青色現出初期必是隱隱然生似雲霧，再漸漸濃濁成瓜果未熟之濃色，色重主是憂事在眼前。人之一生憂事分有內憂與外憂，青色較淡主是憂外事，青色濃濁主是憂內事，憂事分輕重，色淡憂事輕，色濁憂事重，色淡災殃輕，色濁災殃重。青濃氣色分災殃與病症，小孩面宮部位，反青主是著驚過重而浮現，成人青色濃濁若未有憂事災殃，即是身體疾病而成濃色。

人之青紅黃白黑之枯黯惡色，惡氣惡色均是由體內五臟六腑骨髓生理變化，所反應於皮膚表面，惡色浮現速度兇猛即現於面宮，惡色要褪除須等憂事災殃過後，疾病康復過後，才足以慢慢褪去。但時間久長，惡色若是存留於皮內肉層當未浮現，表示憂事災殃未到，若是惡色浮現於皮膚表面，表示憂事災殃已近在眼前。惡氣惡色浮諸滿面，且內層浮出不潔淨之膩油質於面宮時，表示人之厄運難逃一劫厄。

氣分內氣與外氣，色分肉層與表面，有惡氣即有惡色，有旺氣即有光潤，惡色分有青紅黃白黑，表面灰枯如霧，旺氣色分有青紅黃白黑，表面榮光煥發鮮活光潤，且有彩朝存於面宮。氣色分有內氣色，晨早朝陳面宮，而暮晚收歸臟腑發運短。外氣色均主朝晚滿面鮮活光潤，且暮晚不收歸臟腑者氣旺，該相理主是行運當年發大運且時間長。另氣色有遠看似有，近看似無，近看似有，遠看似無，有該相理之氣主是尚未壯實而不穩。

人之有氣有色滿面瑩靜光潤發諸於面宮皮面，且肉層也壯實鮮潤，表層有光彩能耐久看者發運。人之有色無氣者，滿面青枯黯滯，且肉層浮出不潔淨之膩油於面宮者，主是憂事重重，有氣有色行諸於外者發運，無氣，無色，行諸於內者不發運。另有臨發之色主是五臟六腑受刺激而色變，例有爬高、跳遠、挑舉重物、路途遠涉、遇事驚慌、喝酒性慾，未能神安氣靜均能產生色變。

五行之色無論任何一色有光彩亮潤而顯發，均可在行運當年成婚，創辦新事業，擴大原有之營運。五行之惡色無論任何一色，灰黑枯黯浮現均主行運當年，萬事宜守不宜動，動則受災殃。青色枯灰黯淡無光，均有謀就不順，公職官程不順，商場營運不順之隱憂。若是憂事災殃將要過去解除時，色必如天空碧雲青藍之雲霧慢慢散開而去，雲散色開主是憂事災殃已過，雖青色現發但色淡且發於春季尚且過，即使有憂事災殃也輕微。青色濃濁發於春季、夏季、秋季、冬季，均是災禍憂事連連，若是青翠瑩潔亮潤發於春季，主是來龍旺氣色，若是發於夏季、秋季、冬季，主是逢凶化吉，但不發運。

心臟

心主藏神竅舌又藏火出涎水，心喜動脈心跳有驟規律。心藏神主宰於腦，腦主思想運轉工具、判斷是非工具、記憶工具。心開竅於舌，舌主飲食辨別酸甜苦澀工具、食物運輸工具、語音變調工具。心火主蒸發肺氣生涎工具，心藏火，火主保體溫作用，心火一時急驟上升則發狂，心火一時急驟下降則昏沉。人之口端是非禍害，則是心火急驟上升無能控制而惹禍殃，有心無火則病。心火能決定前進與後退，心火能推動人之思想動作，有心無力則火滅，心火一滅則萬事不通，火屬浮動，人之有貪心，有浮心，之得失，一旦心火下降不升即失去信心，則無能推動萬事之進行。

舌神

人之臟腑心能藏神。心神開竅於舌，舌為人體之丹元號令，也是人體心神之舍體。人之一生得失善惡，言語談笑說聲論斷，關鍵在舌端上下抖動，前後抽動而成音調之流暢。人之禍災多由口舌成事輕事重，心神疑惑人之口舌狂言多亂語，心神清血量足，人舒爽言語多流利善道，有心病之人口舌言語常惹禍，心神難鎮靜萬事多猜疑，故舌為心之丹田。舌小而長，言語犀利能言流暢善道，舌大而短，言語遲鈍而愚唱，舌質鮮紅心神清，舌質紫紅心神濁。舌厚長，舌頭前端橢圓者一生不貪人酒食。舌薄短，舌頭前端尖形者一生貪人酒食，且貪多不厭。舌質紅似硃砂，齒齦鮮紅，口內四周圍肉質也鮮紅者，男主富，女主貴。男女舌質及口內全鮮紅主富有，男女舌質常白或長期生白苔，口內全白者貧困。夫妻感情要恩愛，創業有成，謀職要坐高位，舌需有厚長，舌質需鮮紅如鮮血色，舌中間之紋理需紋直深明。若相理反逆，夫妻常有口舌之災，創業難成，謀事低層，人未語而舌先舔唇之男女，人生狂言多妄語心又藏暗毒，語言總是歪理難成真，若是歪理成真理也是巧辯而成。

心火

人生百態，男女心火情慾各有所屬，人身臟腑生理健康，即有七情六慾之求，世下萬事萬物人心情感，肉體慾火感受，各其所需。心火慾望所貪既能得到，相對也能溢出。生理健全偏慾心態減輕，感傷不重。生理偏斜私心重，人心各有其屬，羞恥、感傷、貪慾、私心、善心、歡心、惡心、浮心，愧心、怯心、凝心、悲心、邪心、煩心、疑心、嫉妒心，人一生之喜怒哀樂均全照映在面宮。世事愈難取得愈是寶，隨心所欲得到價值觀不高，愈難得之事與物，愈是珍惜。人之溺膽怯心皆是萬物一空，人之心有貪圖酒食與財物，圖淫他人私體與侵犯他人言語，心火上升易有意圖，終是遭人非議。心火平靜世事世物不貪求，心平者抱著能得即得，未能得既不強求貪得，才足稱心平。人心慾望過於奢求，心路必走偏斜極端，公職官高位重心貪者下場是牢獄，商人商賈心貪者下場是背負債務，江湖道上心貪者魚肉鄉民，圖謀違法侵犯傷人，下場是結仇牢災，庶民心貪者下場豈有成功之人。

一、男女貪心一動／則生涎，涎由肺生。人之一生注重道德與貪心妄想，貪心之人必心動更嫉妒心，人因心想、心動、心貪而生涎，涎由肺受刺激而生，人之貪心，心火即上升蒸發肺氣，心為火，肺為金，火蒸金化水成涎。

二、男女浮心一動／則生精，精由腎生，男生精髓，女生精液。人因浮心而成男女之七情六慾，淫心一動心火上升，心為火，腎為水，水火不相融，心火蒸燥腎水，故腎水溢出為精。

三、男女愧心一動／則生汗，汗由心生，心火蒸發脾血，脾血受刺激蒸發為汗，汗出於皮膚表層，由皮下內層血液刺激冒出為汗。

四、男女悲心一動／則生淚，淚由肝生，肝竅於眼，肝主藏血，心火上升蒸發肝血受刺激化為淚水，激則由眼出，人之悲慟則淚水及鼻涕同出。

五、男女怯心一動／則溺膽，人之心驚膽跳，則是脾血與腎水不能相攝，而產生膽量不足驚恐心慌，心亂心理不穩而抖，故奔出而為溺膽。

發色

火五行色／紅氣色主是發於心經藏火。五行氣色屬火，主紅色，火紅方向主南方，季節在夏天，月令在四月、五月、六月。紅色有潤主行旺運之氣，色夏季赤淡薄災殃輕尚且過，赤紅焰氣現出主是災殃禍難官訟事，赤紅氣色現出主是心經藏火匯集賢經黑水不融所引發，腎水與心火不融而產生水剋火，又主心經藏火過於旺盛，腎水不足過弱，心火入侵腎水，癸水敵不過丙火而引發赤紅氣色顯現在面宮。赤紅氣色以焰火主是災殃禍難在眼前也是最速，赤氣色現出最忌之災殃，火災之難、血光之難、口端爭非之殃、官司訟累之殃。赤紅氣色無論顯發在任何宮位，任何季節，均主災殃禍難，無災無難主是疾病所發。若是滿面火殃氣色，主是災劫最烈也最速，雖然赤氣顯發，但外皮表層有瑩潔又現黃氣有光潤，主是災劫已過由凶轉吉，黃氣顯現主是火來生土，土能生萬物，該色主是旺氣有財喜，又是官業旺。

面宮任何部位現出赤氣色又混雜灰黑氣色，主是水剋火必逢大凶臨頭，若是凶災凶色已過災厄將要解除時，赤色必然如雲散開，漸漸褪氣轉淡輕飄而去。溫紅氣色現出又瑩潔亮潤似鮮花活潤之色，主是當令行運氣勢非常順暢，時運公職官陞，商賈旺業，工職升級。潤紅色現出均主神足氣爽運勢如虹，溫紅潤色無論顯發於何宮位，任何季節，均主運程已啟動，又主生理健壯血清肉鮮，該相理之色為紅之正色。若是紅氣過盛而成赤點狀、赤紅成片、赤紅散亂似浮雲、赤紅成斑點，均主不吉反凶災殃禍難之徵兆。

脾臟

脾主貯血竅唇又藏形出汗水，脾血喜運輸流暢，人體血庫為全身動脈之源，脾貯血又主宰於四肢肌肉，且是全身血源運輸工具。脾胃主飲食運輸消化分清化濁工具，脾血主分清人體表面鮮潤與枯澀工具。脾開竅於唇，唇主港口進出工具，唇主含意指揮工具。脾藏形，脾血受心火蒸發刺激即冒汗，汗主人體四肢舉動過於激烈，人體過度冒汗即會虛脫而縮緊皮肉，重則四肢肌肉萎縮動作不能自如。人體靠脾血運輸而舉動，汗又排泄於毛細孔，若毛細孔緊縮不能排汗時則病。脾血主宰人體存活與病死，脾血受阻時即行動停止。又血汗分香臭，汗香者

謀事高，舉動輕，汗臭者謀事低，舉動重，人體之動搖於形，且形諸於表面，

口唇

人體之唇為口之城門，人體臟腑之脾通應在唇，脾臟幼孩在造血，成人在貯血。脾臟若病唇黃，唇欲方厚，色欲鮮活紅潤，唇色鮮紅主是人體血清量足。病人病重血脈不通暢，唇色亦反枯白而病苦。唇長期灰黑者，男女均主謀事低層，創業難，婚姻難得完美，家庭經濟貧乏。唇方厚鮮活紅潤，男主配賢淑之女為妻，女主配氣度風範之良人為婿，男女又主一生少病。上唇覆下唇又薄者，男女均主多虛偽巧詐奸險之人，下唇戴上唇晚景有榮光尚且過，上下均掀唇齒見人，笑時齒全露者男女均主終生不發運，該相理相配成夫妻終生難創大業。唇掀者男女均主語言遲鈍，男人口唇白，下體陰囊皮也白者迍。女人口唇白，下體陰唇也白者迍。唇厚鮮紅者，男富女貴。唇薄黑者，男貧女賤。唇厚有稜者，男賢女良。唇型薄尖無稜者，男詐女娼，該相理為人最不堪，人生言語巧詐又無信。唇厚紫氣鮮活豐衣足食，唇薄紫黑者人貪。

雙手

人體臟腑，脾主人體之四肢肌肉，脾臟虛弱四肢無力，雙手舉動力輕，雙腳行走遲慢軟弱，男女均靠四肢行動操作，路走得遠，事做得多，需有脾臟功能健壯。脾能貯血，血清神清舉動伸縮自如敏捷，四肢乃一身之舉動，貴人辦事雙手伸縮舉動，舉物做事敏捷，舉動有序有節不急不緩，雙腿行走伸直腳根著地平穩，步伐均勻而緩急。身穩不搖，貧賤之男女，屁部無肉且扁平行走必輕浮，行走頭低者貧又狡猾，行走頭搖手擺者貧賤，行走腰彎者貧，行路胸挺身直者性剛。病人行走四肢軟弱，行走急步者性急躁，行走不停者辛勞，行走身偏斜者懶散，行走常回頭觀顧者淫賤。男人行走回轉時左腳先轉的貴，右腳先轉的貧，男人行走左肩頂高的貴，右肩頂高的貧。女人行走回轉時右腳先轉的貴，左腳先轉的貧，女人行走右肩頂高的貴，左肩頂高的貧。男女行走雙手姿勢晃搖動作小的貴，行走雙手姿勢晃搖動作大的貧。男女雙手舉動敏捷者貴，雙手舉動遲慢者貧，雙腳行走均勻緩步者貴，雙腳行走遲慢者貧。男女生性剛者易傷人，夫妻最忌舉動偏差，言語不和而動肝火，以手腳傷配偶而演變成怨偶，俗話說君子動口不動手，夫妻離異主因之一。手腳是罪魁禍首，創業不成之惡在於手腳懶動，人因體弱而難能創業，也因體弱而家運不昌榮，人之體弱主因於脾虛血貧氣不旺。

雙腿

人體臟腑脾主貯血，脾臟又主四肢肌肉。脾臟健壯者，肢體肌肉豐飽堅實，表層皮軟亮潤，脾臟虛者則會出現四肢肌肉軟弱無力，表層皮肉乾澀枯寒，重則能導致肌肉萎縮，肢體腿健能支撐人體四方八穩，人之穩健肢體能行萬里路而不疲憊，人生謀就好創展。肢體腿虛弱者人身不穩，難舉挑重物，路途短涉，人生不發運，縱有創展也難成。不分男女肢體腿需肌肉飽又軟潤，有該相理者男主富，女主貴，婚姻又美滿，平生謀就不難。腿肌肉粗澀，青筋浮露，人生粗俗勞碌奔波不停，謀就必幹粗活維持生計。腿肌肉寒瘦如竹者，人生謀事辦事無能，創展遊走低層，婚姻庸俗。雙腿站立欲直不欲彎，腿如樹木幹莖欲直能取材，樹木幹莖直壯樹葉茂盛，肢體腿直身壯人能行萬里又行旺運。樹木幹莖彎曲樹必枯，腿曲身彎一生受人支配謀雜事維生計。

發色

黃五行色／黃氣色主是發於脾胃臟經。五行氣色屬土，主黃氣色，土黃方向在中央，季令在四季，黃氣色有潤主運程最旺，枯黃顯出主是疾病之憂，若是五臟六腑無病但色顯現枯黃氣色，必是運程阻滯，枯黃氣色主是黃氣隱藏在皮下內層，表面枯黃如雲霧，主運程尚未啟動萬事不展，須等一年半載色開有潤才足稱黃氣色，黃潤氣色顯發初期有如蠶吐絲，再漸漸擴廣且色黃潤鮮活亮麗，黃潤無論發在任何宮位均主行旺運，若黃潤發在財帛宮，謂稱鼻頭鼻翼均主最有利財氣，財帛宮五行屬土，黃氣土裡藏真金，黃潤黃氣主土肥能生萬物，黃潤無論發於任何宮位，任何季節，均主旺人丁財喜連連，遷新居、擴商業產業、進田產、旺財帛，黃潤均主一年四季旺。黃色忌發於金木雙耳，更忌顯發於口唇，上二項均主疾病所發，若黃色混雜灰黑如垢，均主疾病若無疾病，必主敗官程敗事業所發。黃色有氣且在自然光線下、照燈光、照太陽，有似黃金反光亮潤者大吉大旺，該相理主是黃之正色，人之精氣神有貫通又神足氣爽，才會發出鮮活黃潤之色，黃潤有氣又亮潤，必是運勢如虹萬事順暢。

肺臟

肺主藏氣竅鼻又藏魄出聲音。肺氣喜寬暢活絡，肺藏氣主宰於體力行動久長與短暫工具、喉嚨發音工具、呼吸換氣工具。肺開竅於鼻，鼻主辨別五香雜味工具，肺氣受心火蒸發刺激即生涎，涎主潤喉作用。肺藏魄，人體頭面有七魄，耳、眼、鼻、口，耳主聽覺若受巨音惶恐過度即失魄，眼主視覺若受形影惶恐過度即失視覺，鼻主嗅覺若屍味重惶恐即失魄，口主感覺若受食物異味惶恐即失魄。人因氣長而舉動能向前，也因氣短促而舉動停止，人體之氣魄能影響喉嚨發音之表示，也能影響力氣之大小，人體氣短魄自然輕浮，魄在穩定人心，魄一旦輕浮人即神昏聲沉，人最忌驚恐過度魄失，引起體弱成病精神恍惚。

鼻

人體臟腑，肺主氣司呼吸，鼻為中土財星。人之氣旺弱在於肺氣健壯與否，肺壯呼吸長氣，肺虛呼吸氣短，氣靜氣長人行運即旺，氣虛氣短人行運即敗。男女氣靜氣長者體健，也旺官途、旺事業、旺工職。鼻為人體之審辨官，辨別萬物之五香雜味，鼻樑隆起有勢準頭有朝，人之一生好創展，鼻寒瘦或痴肥終生難創展。鼻為女性之夫星，鼻隆飽光潤財氣旺，反則無財。易欲鼻樑隆起準頭隆飽且朝，鼻翼欲寬闊肉厚，相理之秀配妻必賢慧，也能在中年發大運。鼻行運十年，自四十一歲至五十歲。鼻秀之男女亦青年早發，鼻秀財星高照，鼻劣財星則敗。女性鼻秀配貴夫，鼻過大主是姨婆命，女性鼻大雖有財但難嫁夫。女性鼻劣，鼻極小嫁夫亦離失，鼻劣鼻小鮮有嫁貴夫，所配之夫婿必庸俗，又主十嫁有九離。

鼻樑有勢左右龍虎相輔者富貴可期，所謂龍虎是，左顴骨、右顴骨，飽滿有勢無論商場必員工下屬萬人歸隨，公職必權高位重又領軍，人生豐衣足食婚姻美滿。鼻欲長不欲短，長的貴，短的貧；鼻欲隆不欲陷，隆的貴，陷的貧；鼻欲豐飽不欲寒瘦，豐飽的貴，寒瘦的貧；鼻欲大不欲小，大的貴，小的貧；鼻欲潤不欲枯，潤的貴，枯的貧；鼻欲大有勢不欲大而痴肥，大的貴，痴肥的貧；鼻欲挺直不欲偏斜，挺直的貴，偏斜的貧；鼻欲挺高不欲扁平，挺高的貴，扁平的貧。鼻勢形秀配良緣，創展事業易成，任公職謀就坐高位。

發音

五形人發聲，音韻嘹亮長如遠鐘，似鑼鼓宣天傳遠，聲韻清飄迴響有餘音。五形人五音五不全，木形人張口發話主聲直，音清潤長；火形人張口發話主聲急，音清潤短；土形人張口發話主聲響，音清重；金形人張口發話主聲利，音清潤響；水形人張口發話主聲靜，急音潤飄。

貴者氣大聲音宏亮，則生理健壯，肺腑氣足丹田力飽；貧者氣小聲音短濁，則生理欠健全，肺腑氣弱丹田力弱。貴者神清氣和，則聲之音韻潤深，舒暢而圓實遠飄，堅又集音且響亮；貧者神濁氣短，則聲之音韻沉短焦烈，輕言重語，嘶啞短音而急散。貴者聲大嘹亮無形托氣而發，賤者聲小氣促，浮濁沉音而貧，故貴人之聲均發自肺腑健壯，經由丹田與肺腑相應，輸送喉嚨寬潤而外達。貧者之聲均發自肺腑，氣促丹田力薄，丹田與肺腑未能相應，喉嚨焦燥不潤，難言於表而不暢。

貴者主由丹田發音，且根深表重於外；貧者主由喉嚨發自舌端，而根淺且表輕於內。貴者形之於外，貧者形之於內。貴者聲清音潤且韻圓響，堅而亮，緩而響，急而和，長而有力，勇而有節，久言而不竭，又聲大嘹亮似洪鐘騰韻，似鑼響傳音遠飄，似鼓響振音而有力，似琴奏曲音韻輕飄而遠暢，久暢不竭言表而不變調，且聲響如角吹有力，音量雖小但聲如玉水流鳴，似琴聲輕音聽其心動，而舒暢者仍主貴相，言語能後動言久能相應不脫節者也主貴相。

貧者聲發自舌端口唇，急而不達，例：語聲急而嘶，語聲緩而澀，語聲深而滯，語聲淺而躁，語聲大而散，語聲大而破，語聲輕重不均，語聲雖亮但無節，語聲響而浮躁，語聲帶鼻音，語聲氣短，語聲音沉，語聲嘶啞而匿聲，語聲焦燥，語聲急促，語聲嬌嫩，語聲音濁，語聲哭音，貧相之人聲如破鑼破鼓之鳴帶雜音。貧又苦者有如，鵝鴨驚恐哽咽慘叫，有如孤鳥失群哽聲鳴叫找伴，有如蚯蚓嘶聲發吟，有如羊叫斷節聲，有如烏鴉夜叫之慘憂，有如病猿求侶呻吟，貧又兇殘之聲，有如狂犬之吠聲，有如毒蛇先靜再舉頭而啄咬之猛，有如虎獅豹先蹲而後動，傷同類而啃肉骨吞食之猛。

夫貧者雌聲舉動女人樣，女貧者雄聲舉動男人樣，身大聲小，相約先遲後急，聲未停氣先絕，心未動色先變，皆主貧寒之相。貴者神靜定於內，氣清和於外，神安氣靜先後有節言語有序，舉動色不變主富。貧者氣濁於內，神亂浮躁於外，神亂氣躁有失先後言語脫節，舉動色急變者主困。

貴者定富饒，聲韻高唱音和潤，聲音如甕內傳聲有餘音，聲韻如水聲清響又飄飄，肺量氣足丹田有力喉寬暢，音韻堅實又響亮。貧者不離聲韻發在舌唇音，聲輕者斷事無能，聲重者一生勞碌，聲急者做事魯莽。聲藏者做事殘暴，聲破者做事無成，聲濁者終生無運，聲低者做事魯鈍無文，聲細嬌嫩者終生貧寒。木火土金水，五形人，五形五音五不全，音全者行旺運家庭經濟寬裕，子女優秀成器，音破者行敗運家庭經濟潦倒受困，子女有成是奇蹟。男人雌聲敗家產剋妻子，女人雄聲妨夫一絕良人早殞，刑妨夫婿子女不堪言，要論吉凶，需先斷聲韻再觀面宮後論吉凶，才不至於有誤。

發色

金五行色／白氣色主是發於肺經臟腑。五行氣色屬金，主白氣色，金白方向主西方，季令在秋天。枯白如粉顯現主是孝服哭斷腸時，若是不哭定是損財帛。

枯白氣色顯現初期只限於局部些微，一片淺白如垢霧，漸漸擴散成片雲狀，次漸漸變慘白色如膩粉，時有成白枯色點狀，慘白色最盛之時，主是惡耗哭事已至。若白色瑩潔亮潤，發在金木雙耳及財帛宮，主是旺事業有財喜，雙耳亮潤白過面主是行旺運。財帛宮以黃潤最旺財，次之白潤，土黃白金相會，主是土生金旺事業旺財喜之徵，其他任何宮位，任何季節，不宜發白有白就有災。若是白色漸淡薄如雲散開，主是災事哭事已過且將解除惡耗。白色亮潤發於秋季，主是循季節發色，其色當令發旺，若秋天白潤發於地閣，主是西方金生北方水，該相理到冬天必有財喜又旺事業，而進田產家園或擴大商業產業。白色如霧又混雜灰黑如垢污膩粉，謂稱慘白色，該色主是凶災慘事將發生，若是不災定主事業田產慘敗。

腎臟

腎主精竅耳又藏水出力氣。腎水喜旺盛流暢，腎藏精主宰。腰、骨、齒。腰主曲直左右搖動工具，骨主支撐人體架構工具，齒主食物化碎工具。腎開竅於耳，耳主語音辨別工具。腎水受心火蒸發刺激即洩泄，腎藏精，精主傳承後代又主紓解生理障礙。腎藏水人體需有水分才足能滋潤膚體，若腎水稀薄人體即燥澀。腎精主養骨，骨主架構在人體四肢為主力，又架構全身，四肢在操縱一切舉動，人體支架靠骨髓養大而骨硬，骨架構完整堅硬能撐重壓。

耳

人體臟腑，腎開竅於耳。腎主髓通腦，腎虛者常有失眠、健忘、記憶減退、耳鳴，重則耳聾。腎氣健者耳聰，聽覺敏感無礙，言語分辨清楚。耳為人之一生的監聽官，耳通隨於腦。腎氣旺則聽覺清澈，腦力反應犀利。腎氣虛弱聽覺障礙，腦力反應遲鈍。腎臟關係到夫妻行房幸福與否，腎主藏精，男主精髓，女主精液，而夫妻感情美好與言語耳聽有息息相關。耳厚堅潤，聳而長且大者主腎氣旺，語出言語健康聽其舒暢，自然形成夫妻之間的好感。耳薄、耳黑、耳尖、耳廓輪骨怪樣，主腎氣虛弱，自然形成生性孤僻，言語低俗，穢言穢語，造成夫妻間的耳語觸礁，影響到夫妻感情生活。

耳是人與人對談的溝通管道，耳堅氣壯言語清，人生壽命又長；耳弱氣虛言語沉，人生壽命又短；耳堅厚潤創業易成，耳弱薄黑創業易敗。腎主水，水須清澈透白潤，耳清耳白過面人生謀就主位高，無論公職、經商、謀就，必職務權高位重，絕無耳弱之人掌權位，豈有耳弱之人在富貴。耳黑、耳尖無珠、耳薄、耳反背，多為人生違背道理之人，耳覆向前多為晚景敗盡家園。

男女之間貴在眼不在耳，貴人有貴眼，無貴耳，賤人有貴耳，無貴眼。有財富之人必耳大且堅厚潤，有智慧之人眼必有神威，耳門寬闊一生多財，人心肚量也大。耳門狹窄一生無財，人生肚量也小。耳闊耳自清澈一生濟人不計斤兩，耳有耳尖耳黑一生怕人相覓食，耳小如鼠耳之人一生辛勞又貧困，耳薄透光之人壽命短又貧寒。耳灰黑，耳門長期開花人生離鄉破祖人，又忌婚姻敗離在早年。耳小如鼠耳，耳薄如紙張，耳形怪樣，人生刑剋配偶在天年，相理刑剋之劣，配偶非身纏多病，即是辛勞過度而早亡。耳重聽之人生性必愚蠢又貧困，耳聾之人生性兇頑又帶賤，耳重聽與耳聾之男女不宜相配成婚，更不宜合夥共同創業。耳輪廓分明，耳有墜珠且朝口，相理之秀人生仁義相宜有口德與道德。耳輪反背，耳骨怪形，耳無珠之人，人生常違背常理無信。

坐姿

人體臟腑，腎主骨之餘。腎健骨頭關節堅硬，腎虛骨頭關節鬆懈。坐姿能久坐端正如磬石者腎健，又主男富女貴。坐姿短坐常動身偏斜者腎虛，又主男貧女賤。腎虛者久坐雙足浮腫，腰瘦背痛，全身關節不舒暢。腎虛者久坐瘦痛於腰背之兩側，腎虛最忌夫妻性慾過度，若是過度久之成大病。人之行走為動屬陽，人之坐為靜屬陰，久坐需有陰陽相配，偶爾起身起動紓解筋骨而不傷身。過於久坐不動則能導致神昏，引起閉尿之症。人之坐如狗姿者貧，坐而頭斜手頂腮者貧憂，坐多偏斜側身者貧賤，坐而多動搖身者貧且心神不安，坐立難安者貧賤，急生急起者心亂，坐而端正者貴，坐而抖腳者貧。久坐臉色不變且神清者貴，久坐臉色變慘白者貧病，久坐對談言語流暢自如者貴，久坐如磬石者婚姻完美，創業易成。坐立不安身搖體動者婚姻庸俗，創業難成。坐姿能端觀男女之品德與成敗，婚姻、事業、官職成者多為坐姿端靜，婚姻、事業、官職敗者多為坐姿偏斜浮躁。

陰陽寶

人體臟腑，腎臟主藏精又主男女性慾之功能。腎健精旺四肢骨健，女陰男陽兩寶性感度高，腎健男女房事均能滿足對方。腎虛則有遺精、陽痿、性冷感、便尿點滴白濁、不能生育，男雖能勃起但不能持久，女雖有生理需要但過久會有厭惡感。腎健男女浮心一動，有如乾柴烈火，則心火上升，男女心火與舉動受刺激而成性慾快感，產生人體心火蒸燥於腎水，故男溢出為精髓，女溢出為精液。男女性慾為人之天生，男女腎虛精液短缺稀薄，人體軟弱，精神不振。腎主人體四肢之骨，腎虛者能造成夫妻感情缺憾，男性慾無能而未能滿足女方，女性慾冷感而未能滿足男方，久之造成乙方有藉口，另在外尋花問柳，找異性同居相眠，女在外與異性相淫，造成婚姻破裂而離異，男重娶女再嫁，由生理不足造成人間悲劇不在少數。腎虛四肢軟弱心有餘力不足，造成衝勁無力感，謀事差人遠，創展事業精疲力倦，雄心大志消失而失去方向。

精髓

腎臟為男人先天之本，少男自腎毛長出，即是腎之精髓相潮。腎開竅於耳，男性耳色鮮活白潤，即是腎氣足，精髓旺盛，人生房事無礙。腎虛者能導至耳鳴，身心悶躁，耳若萎縮又枯黯，則是男人陽莖軟弱無能，精髓稀薄，雖能勃起但不能持久，重則陽痿不能生育。腎虛四肢骨頭鬆懈乏力，精疲力倦，身心障礙未老先衰，耳色枯白又淚堂浮腫，則是腰之兩側痠痛無力感。男女性慾力氣雖已耗盡，但仍未能滿足女方。腎主髓通腦，心主宰於腦，腎能藏精，五行屬水，心能藏神，五行屬火，腎臟及心臟健壯者，人遇刺激心火攻心，即心火上升而蒸發於腎水，火水交鋒成熱故溢出為精髓。水與火本是相剋，在水敵不過火時即能溢出，水溢出於能火滅，謂稱精空火消，心火即下降，面前縱有西施美人也隨心而滅。

人之整個面宮分為，上停為火，中停為土，下停為水，在下停奴僕宮之，口唇，承漿，地閣，範圍內，口唇左右稜角下垂呈下八字型，且色灰黑枯黯，謂稱敗腎。承漿與地閣長出似痘非痘又紅腫，另是灰黑枯黯，即是腎衰弱，似痘紅腫多為年輕人，灰黑枯黯多為晚年人。承漿部位反黑成斑點狀者，多為性病吃藥過量或吃錯藥，若未吃藥過度，即是性病潛伏過久，男人在發洩過後陽莖尿道管，即會反吸。若女性患性病有毒菌，陽莖反吸進毒菌，輕則三天後發病，重則兩天後發病。陽莖染毒最忌吃刺激食物，例辣椒、酒精、辣物，發病加速，起初多為淋病未醫好，而演變變成其他種類病毒。傳染性病毒永難醫癒之症，一般病毒多由種族不同，血型不同，而混合在女性子宮陰道內，女性未清洗消毒乾淨，不同血型之精髓相浸而成病毒，病毒潛伏性高又久，若未即時醫治好痊癒，病毒即能殺死精蟲，造成不能生育。男人性慾過度眉毛會反枯黃，眉毛無故脫落即是常與風月女郎相染有關。

嬲嫐

男女性慾為成年人之先天自然本性，代代相傳之需要，男女有婚姻結構體，由人體臟腑生理健全與否說起。青男少女自淫毛長出初期，男即有腎水來潮，謂稱精髓，女即有腎水來潮，謂稱精液，自男寶有精潮，女寶有癸水來洗，生理慾火即自然形成。男女有性慾之慾念關鍵在臟腑之腎，腎健全者性慾自然形成，腎有病者，其他臟腑有障礙者均能影響性慾功能，腎病者當屬性無能且冷感。人在自然生活中，慾火有天生自然需求，有一時需求，性慾之心火各有所屬，貪心、浮心、愧心、悲心、怯心、男女之強求性慾，自然兩廂情願性慾，均以當時情景及生理一時變化各有所屬。性慾習慣性貪心之男女，即是侵犯他人肉體，無論未婚或已婚身邊有相對之異性，又逞個人生理之慾火，仍主貪心邪念佔有第三者之慾念，謂稱嫐嬲。浮心性慾之男女，則是一時之慾火，男女相識相見即有生理反應，遇男女碰觸到異性肉體時，即有浮心慾火生理反應，謂稱淫亂。男女在愧心、悲心、怯心之時，則是心火下降，而此時毫無性慾衝動之慾火邪念。

發色

水五行色／黑氣色主是發於腎經臟腑。五行氣色屬水，主黑氣色，水黑方向主北方，季令在冬天。灰黑顯現主是疾病、劫奪、災殃、禍害，黑色主是腎水薄弱不濟而產生引發之惡色。灰黑顯現初期有似雀毛之灰黑，黑氣色一旦現出必來勢洶洶，若惡色要褪擾必時間久長，才能將惡色褪去。灰黑惡色一種如媒表面已無氣，惡色別種是表面色黑，膩油污垢如抹膏，該兩色之災殃最凶最惡。不論黑色如媒氣黑色如抹膏，均主最防，被惡煞劫奪謀財害命，意外災殃禍難亡故。惡色既發，輕則病魔纏身，重則長病盧醫難救，命亡歸陰府。再則商業產業慘敗而官訟坐黑牢，其則債台高築而逃亡躲債流落異鄉。若是災過病後色必漸褪，惡色不褪擾定難逃一劫厄。黑色來時有如黑雲罩霧，黑天暗地，黑色將去時，有如雨過陰雲轉晴色黑如雲漸漸散開，膚色漸轉白黃之色，主是災散人安。若是黑色有透光彩亮潤，主是黑之正色，正色發於冬季主是水通血清身體健壯旺事業財源。若是灰黑昏黯似蒙塵，主是時運不佳、萬事不展。黑色無論發於任何宮位，任何季節，均主大凶，久病之人必面色昏黯灰黑而死，黑色若是漸漸褪擾，主是病情好轉近期能康復。黑色若是忽然在三五天內面色紅光滿面，主是迴光返照而速死。

認識沖犯陰邪孤魂野鬼

鬼魂眾生，非專業人士是很難辨別的，靈界有陰、邪、鬼、怪、妖、魔、精、魅、陰兵、陰將、邪兵、邪將，陽間凡人一聽到鬼魂，都會風雲變色、心驚膽跳。人怕鬼，鬼怕人，鬼魂分有惡鬼與善鬼，惡鬼索人命，善鬼纏身精神異常，陽人若被鬼魂纏身，精神狀況各有不盡相同。

兇鬼上身，例：會導引跳樓，雙眼帶兇目不轉睛，動肝火傷人，六親不認，毀損家財器具，街頭巷尾闖撞，發狂力大無比，言語偏激，口唸唸不停，災凶厄難亡，精神異常舉動粗魯，情緒時好時壞，諸事舉動千奇百怪。

陽人遇上善鬼，例：眼神昏沉呆滯，心頭悶悶人痴呆，全身疲憊四肢癱軟，精神虛弱眼神泛散，不思茶飯湯，痴坐不動不與人交談，睡眠不定時，非短睡即長眠，整個人孤言寡語，舉動異於常人，生活起居日夜顛倒，嘔吐神昏，不思三餐，菜飯乏味。

陽人遇上色鬼，例，大鬼帶小鬼撫摸身體，撫弄男女生殖器官。昏睡鬼強行強慾，女性陰道潰爛。男性臉色蒼白，內褲畫地圖。

筆者經過長年累月不斷的鑽研，孤魂野鬼，遊路亡魂，均多為冤枉死而演變成鬼魂，動物精靈，多為荒郊野外長齡病死，演變成精怪靈。神兵、神將，多為不法邪師利用賺錢，經作法催咒，演變成陰兵邪將傷人。

醫師道家法師診斷解讀各不同

有前面狀況之病症，在醫學的進步發達，醫界的認定，精神異狀。病患到精神科求治，醫師即分類說病情，通常給患者家屬的答案約是，精神憂鬱症、精神躁鬱症、人格分裂症，例舉，眼神呆滯，精神恍惚，孤言寡語，不思茶飯，醫師都定為「精神憂鬱症」。例舉，舉動粗魯傷人，心情急躁，暴躁，言語罵人，醫師都定為「精神躁鬱症」。例舉，精神狀況時好時壞，悶悶不語，時有嘴巴唸個不停，時安靜，時暴躁，醫師都定為「人格分裂症」。

在醫學理論上，醫師常是能診斷病情，卻是醫治不癒，是醫師醫術不高明嗎？當然不是，醫學與鬼魂有相抵觸，理論有不同的解讀。人之身體有病應就醫，若是沖犯到孤魂野鬼，引起精神異狀，應藉助宗教神明的靈力。症狀嚴重者，應求民間的道家法師，山、醫、命、卜、相，醫師與道家法師的辨識方法各有不同解讀。根據了解，鬼魂纏身最有威力效果，應是道家法師最能根除鬼魂妖邪。

枉死亡的鬼魂最會卡身

陰間的鬼魂不佔陽人生存空間，但會找陽間不特定人的肉體卡身，案例最多的是都為年輕人、中年人。因年輕人較不忌風俗情理，亂講話得罪鬼魂。兩種人較少卡陰，一是年長者較近情理習俗，二是幼孩尚不懂事。鬼魂與人類的習性很接近，需要人的尊敬與奉拜，人可不畏懼敬鬼神，但不可冒犯鬼神。陽人一旦冒犯到鬼神，它可會採取報復，讓冒犯者災殃厄難，最多案例是精神失常，陽人最忌精、氣、神耗弱時，遇到鬼魂，鬼魂最容易趁機侵犯陽人的肉體。被卡到的人渾身不舒服，精神異常體溫會降低，就醫檢查無病診治難癒，問神輕者可解，重者不靈。

什麼樣的鬼魂最會纏人卡身，魂飛魄散的亡魂、被人暗害冤枉死亡、意外災殃禍難冤枉死亡、難題未解自殺死亡、感情被拋棄自殺死亡、交通事故冤枉死亡、住居遭火災冤枉死亡，種種原因冤枉死亡，冤枉的亡魂都會留在當地，流連忘返。死者若是無家屬招魂，收屍安葬，無人安置奉拜，亡魂無家可歸，無處可避風躲雨，鬼魂自會在外飄流，成為孤魂野鬼、遊路亡魂。

凡間一般常人，不信陰間有鬼魂，人有時不得不信，其實鬼魂傳說，各國均有案例，傳說中，怕鬼魂信奉不拿香的宗教，天主教、基督教，鬼魂就不敢相侵，其實不然。不管信奉任何宗教，照樣相侵卡身，只要遇到均難逃過一劫厄。

陰間鬼魂之傳說，自古至今，眾說云云，不曾斷過，人鬼殊途各不兩立，鬼魂如雲霧飄搖不定，通常人是看不到的，除非是通靈人、陰陽眼人才看得到。陽光日曬，屋內通風，屋內光線足夠，屋內器具整齊乾淨，鬼魂隱居不住。鬼魂的出沒，多在陰天及深夜，哪種人會說遇鬼之過程，就是被鬼嚇到的人，精神狀況尚清醒穩定的人才會說。

遇鬼經過，真的被纏上卡身的人，精神已異常的人不知也不會說，依經驗的例子，在鬼魂地盤上撒尿拉屎，最為嚴重，鬼魂絕饒不過冒犯者，非讓冒犯者精神異常，即讓你生大病或怪病，也會死亡的莫名其妙。

破壞鬼魂隱藏居住處，也會遭到鬼魂的報復，破舊及髒亂的房屋、無人居住的房屋最容易成為陰宅，若有故意或無意的干擾，很容易被鬼上身。陰森處及陰宅都是鬼魂的藏身處，有很多案例，男女感情難解，到旅館自殺身亡，魂魄逗留在原地，而你不自知住宿該房間，鬼魂會認為你侵犯到它的地盤，會在你睡眠時惡整你，鬼壓床，抓四肢不能動彈，掐脖子無法出聲，會讓你全身僵硬，喊天天不應，叫地地不靈，等到鬼放手你醒過來時，必會嚇到全身冒冷汗。

荒郊野外，山區陰森處，人一旦被山精鬼魅纏到，動物靈上身，整個人會癲抖、精神異常、狀況千奇百怪。動物靈以貓狗最具靈性，貓狗的骨頭、鮮血，常被不法邪師取來作法催符唸咒傷人，取得不當利益。

任何人若是被冤魂纏身、動物靈纏身，須找有正道高人協助驅除，勿隨意找人作法處理，若是不信你會被不法邪師隨意唬弄，以金紙跟你換現金。

鬼魂比文明社會的人聰明

鬼魂在第三度空間飄浮不定，陰間鬼魂因無能上申到神明，也無能上道家法師申冤訴苦，在無處可申的情況下，就會藉助陽人的軀體當休息站，做為轉換點。

通常人遇到身體有異樣，精神恍惚、生病，均會前往醫院就醫，真醫不癒，才會前去宮廟問神卜卦，找道家法師查病因，鬼魂聰明在這裡，在神明起乩時，藉用神明轉話。

鬼魂大致都有一番說詞，有不得已的苦衷與訴苦，鬼魂有如陽間的社會流氓，予取予求，貪多無厭，有經驗的神明、道家法師，均會與其談條件，吃名詐姓的請求拒絕，過高的請求拒絕，些微的請求均會給付。

鬼魂的層級不高，要求做法會，要求東、要求西，訴求太高須花很多錢財，這都是主事者在搞鬼。依經驗所知，鬼魂的訴求所要的不高，驅除鬼魂，祭拜供品的準備，菜飯、簡單物品飲食，獻一些鬼魂紙錢，寫一張普施孤魂疏文，作法祭拜一番，再驅趕鬼魂。

通常神明慈悲不殺不戰，遇到善鬼有效，遇到惡鬼會食髓知味，在相隔一段時間又再回來相纏不休，也會再去找他人相纏，所以一些鬼魂會讓人氣到牙癢癢的。

其實鬼魂也有它可憐的一面，例，上吊自殺身亡的鬼魂、軀體被分屍脖子斷掉的鬼魂、喝毒藥自盡的鬼魂、被不法邪師鎖喉的鬼魂，大多不能飲食、講話，均會成為陰間的冤魂。鬼魂是陽人死後演變的，所以性向與陽人類似相同，它聽明的地方，是會藉用神明、道家法師，幫它治病，幫它開喉，以便能進食祭拜供品。

更讓人氣憤咬牙切齒的是，專找一些陽人精氣神耗弱者，趁虛而入陽人的軀體，藉由陽人有病醫治不癒，前去問神，請教道家，點出一條鬼魂路，且附身在犯者軀體，跟神明或道家對話。

利用人的弱點來向陽人索賄，鬼魂也有奸險巧詐的時候，明明是小鬼，它會吃名詐姓說它是某某大鬼，通常神明與道家法師，大都歷經百練，會用較兩全其美的方式，以引誘方法要鬼魂放手走魂，若有不肯，神明與道家也不是軟腳蝦。

神明會以操五寶追殺，道家會以掌五雷轟殺，來嚇唬鬼魂，只要願意放手，主事者均會答應鬼魂，準備一些簡單的祭品，獻一些鬼魂紙錢，寫一張普施孤魂疏文，祭拜一番，此後一刀兩斷，事後若有反悔，格殺無赦。神明較慈悲不殺鬼魂，時有道家法師會用較殘忍的方法，催符唸咒，使用鈎魂指，再用五雷轟殺鬼魂，將鬼魂打落十八層地獄，永不得超生。

陽人三魂往生後演變成鬼魂

陽世人身藏三魂七魄，死後有魂無魄，陽人會卡到陰邪，大多是時運精氣神耗弱，鬼魂有機可趁。孤魂野鬼、無主遊路亡魂、山精鬼魅，多為冤枉橫死，無人收屍埋葬，無人招魂，被人暗害屍體被棄荒郊野外。

亡魂無人安置奉拜，鬼魂渺渺茫茫無家可歸，無處可避風躲雨，自會在外飄流，有如社會的流浪漢，若是陽宅室內光度不足，屋內髒亂鬼魂也會侵入，與人混居一處，雖然鬼魂不佔空間，但日久陽人也會精神恍惚、精神異常，人鬼殊途不得同立居住在屋簷下。

人自出生歷經生、老、病、死、苦，往生後三魂分三路，一魂和祖先立在牌位，供後代子孫奉拜；一魂和屍體埋在墓仔埔，后土在掌管；一魂下地府閻羅王在掌管，三魂有妥當就位，就不會成為陰間的孤魂野鬼。

常有人說，人在陽世行善死後上天堂做神，作惡多端死後下地獄做鬼。天堂與地獄，非我們陽人所能訂定的，生前死後自有神祇在記載掌管，天庭玉皇大帝指派司命真君在凡間，司命真君專司凡間事，陽人所作所為每一件善事、每一件惡事，司命真君就會記下一筆，整年下來行善與作惡多寡。

依習俗每逢農曆過年前，民間農曆十二月二十四日，民間信奉諸神，當日會參拜送神上天庭，至農曆正月初四日再接神下凡間，時日共有十天，在這十天是天庭萬神相會歡慶日，司命真君即會將整年的記事，稟報玉皇大帝。

人往生後，司命真君就將人之一生行善與作惡，所有記事呈報城隍爺，城隍即派白無常謝必安將軍、黑無常范無救將軍，押下地府交由地府，日巡夜遊鬼卒看管，然後閻王再將司命真君所記載，每一筆分輕重，賞賜與懲罰，安排輪迴轉世。

嬰靈的盛傳至今風氣未減

根據人相研究學上的胎兒尚未有魂有魄，不成靈，盛傳的嬰靈只是有心人，塑造出來的一股風氣。所謂的嬰靈傳說，即是墮胎、流產、胎死腹中，所取出的死胎，又稱嬰靈。無論胎兒已成型抑或未成型，就墮胎掉均不致成鬼靈。墮胎的因素多且是人為，流產多為母體過於激烈所引起。女性懷了身孕有很多的禁忌，移動床位、搬動生財器具、房間亂釘東西，都會動到胎氣，很容易造成流產，不流產也會生出畸形兒。

墮胎、胎死腹中、流產、畸形兒，對婦女、小姐們都有一種無可奈何的傷心事，且內心都會有一股陰影，永遠抹滅不掉，常存於心。其實嬰靈只不過是有心人，所塑造出來的一種代名詞，也是有心人賺錢的工具而已。婦女對胎兒的認知不足，有墮胎或流產過，心裡都會有一層壓力與陰影，深覺有罪惡感，再受有心人的愚弄內心更加惶惶。陰間有鬼魂沒有嬰靈的存在，腹中的胎兒，無論成型或未成型，均談不上胎兒有三魂七魄，既魂魄未定豈會有嬰靈呢？

靈是鬼的意思，腹中的胎兒只能說有生命，胎兒未經妊娠期滿自然生產，抑或剖腹生產，均不致有嬰靈或鬼魂，嬰兒出生扶養過程若有不幸夭折，未滿三歲也不至於有鬼靈，因幼孩三歲成魂七歲定魄，人有了三魂七魄，死後才能成鬼魂。

凡婦女墮過胎流過產，內心都會常存不安，胡思亂想，一旦身體有欠安，都會與胎兒聯想在一起，是不是嬰靈纏身才會身體狀況一直不好，尤以有心人最為惡極，把婦女、小姐們墮胎及流產心虛的弱點，謊稱自己會通靈，有神通的陰陽眼，能看到婦女身邊有兒靈在跟隨，致使婦女心虛惶恐。

若是婦女有憂慮可自我檢視，面前擺一面鏡子自己端觀，雙眼下方的眼胞，謂稱子女宮，又稱淚堂，右眼稱三陽，左眼稱三陰，右管子，左管女，若是淚堂有灰黯，加上肩膀很沉重，精神恍惚，食慾不振，嬰靈的鬼魂纏身才足能成立，否則不是。

請問婦女、小姐們，有多少女性墮過胎流過產，且婦產科家家生意興隆，有哪家婦產科沒幫過婦女、小姐墮過胎，若胎兒都能成鬼靈，那婦產科醫師豈不是殺嬰的元兇嗎？胎兒有鬼靈成立，哪位醫師能逃過嬰靈的索命，醫師豈不都會變成瘋瘋癲癲嗎？

因鬼靈的相纏精神必恍惚異於常人，假若胎兒個個都能成為鬼靈，那鬼靈總會聚集在一起嘛，也應該很熱鬧才對吧！那婦產科豈不成了鬼屋嗎？又嬰兒最會哭鬧，醫師及護士不就要當起褓母的工作了嗎？尤以女性常有通俗的文明病疾，頭痛、筋骨痠痛、貧血頭暈，一旦吃藥打針沒有根除，內心的陰影就會浮現在眼前，也就是心虛的來臨，牽拖誣賴罪惡的嬰靈，巧遇受有心人的愚弄耍騙，不去花一筆錢買心安才怪。

諸三種病疾男人相對也有，那男人被什麼靈卡身，女人懷有身孕是單獨能受孕嗎？不就與夫婿或男友相歡才能受孕嗎？若是有嬰靈的存在，那男人豈不是有共同責任的共犯嗎？怎麼從未聽過男人被嬰靈卡身，胎兒是男女共同的製造者，婦產科醫師是破壞的殺人者，若墮胎流產的胎兒能成鬼靈索命，婦產科的醫師早就沒命了，有嬰靈聚集成鬼屋婦產科早就關門大吉了。

所以敬告各位婦女、小姐們，陰間有鬼魂沒有嬰靈，胎兒與嬰兒，魂魄未定智竅未開，不足三歲的幼嬰夭折，有屍無魂也就沒有鬼靈，幼孩須滿三歲才能演化成鬼魂，也才會糾纏陽間人。幼孩因三歲成魂七歲定魄，人有了三魂七魄死後才能演變成鬼靈，且難成厲鬼。

女性墮胎與流產，內心的陰影與心虛，均躲不過高明的騙術。社會媒體常報導，遭騙財又騙色不斷在演變，運氣不好碰到宮廟主事者，神不騙人是人在騙人。遇到不法邪師，他沒去妳家騙妳，是妳自己去道館給他騙，無論他幫妳驅除嬰靈，安置嬰靈，均各有一套本事說詞，自己的法術有多高強，妳身纏的是惡靈，等妳信以為真時，再編造了一套合理的陷阱。倘若妳精神尚清醒，再回想一下，合理不就是陷阱嗎？當妳跳入陷阱無能自拔時，也就是妳獻身又付錢的時候，自己一不小心的察言觀色，對方就把妳當成一塊肥肉。最惡極的是肉吃骨也啃，主事者的能言善道，花言巧語的讓妳病入膏肓，花一大筆金錢，當妳被騙色一絲不掛，且付錢的剎那，也就是妳被暗笑妳是一個「憨大呆」的時候。

再換一個角度來講，當妳求助道家回妳說是嬰靈纏身，若求助佛家回說是三世因果輪迴，兩者妳要相信哪一者，其實兩者均可拋之在外，因未出生的胎兒沒有嬰靈及鬼魂之說，又小女生十三歲至十四歲癸水才來洗，且淫毛才剛長出，十六歲骨頭才定型，三魂七魄穩定智竅全開。小男生十四歲至十五歲精髓才來潮，且淫毛才剛長出，十八歲骨頭才定型，三魂七魄穩定智竅全開，死後才能稱厲鬼，也並非全然人死後都會成為厲鬼。

一般人可由旁側聽到，有人養小鬼，小鬼從何而來，當然從婦產科取得，胎兒已成型夭折，流產死亡的嬰兒，經有心人士為達賺錢之目的，將死胎裝在玻璃瓶罐內，再使用化學藥品，將嬰兒醃成似木乃伊不易腐化，經過一段時日再取出，以專業法術祭拜，催符唸咒，等嬰兒催化入靈才成為小鬼，豈是嬰兒就是嬰靈，由此可見，無論墮胎或出生夭折，均沒有鬼靈這回事，不經過法術這一道程序，豈有鬼靈之說。

女鬼相纏四年苦苦相逼求冥婚

有位婦人於一〇〇年農曆新春元宵節前，正月十日來電請問老師，約述說其兒子今年三十歲，精神方面看起來感覺怪怪的，好像是卡到陰，想問老師明天正月十一日，早上十時有沒有空，要帶兒子前去求教老師。我回說可以，該婦即問我從台北市坐捷運到三重區，坐到哪一站下車。老師回問妳北市住哪裡，該婦人沒有表明，老師只好回說妳自己依地址找好。

雙方約好正月十一日早上十點左右，該婦帶著兒子準時到館，到時即表示：「老師幫我兒子看看，他怎麼有很長的時間，精神方面看起來都怪怪的。」其婦人的兒子隨即表示述說：「有位小女生常常在夜晚，我上床睡覺時都會來騷擾我，撫摸我身體且全身摸透透，騷癢到天天不能入睡眠覺，長期下來實是苦不堪言。」

話講到這裡即停下來，約過三分鐘後老師即回說：「依我的經驗告訴你，你講的不夠徹底，陽人一旦被女鬼魂纏身，沒有你講的那麼輕鬆。」再問張XX你有沒有長期做春夢，張XX回說沒有。

「好，我依經驗告訴你，陽人被女鬼纏身，必會如夫妻或情侶，讓你夜夜春宵到黎明，有如活人行房相慾過後即精髓發洩，到天亮內褲如繪畫地圖，且長期下來你會腰痠背痛，精神自會失常異於常人。」

此時婦人隨即強調表示，這他爸爸都不知道。老師不是很高興的回問該婦人，四年下來有否就診精神科醫師，有沒有去請教神明，抑或請教道家法師。婦人回說現有吃精神方面的藥，但吃不癒，就很奇怪既然醫師說是人格分裂症，所開的藥怎麼吃了四年都不能治癒。其他兩句問話就沒有回答，老師就說：「阿桑，依我看過數百案例，妳好像有隱情沒有實說，從另外角度看，一是妳聯繫兩次電話沒有顯示號碼，二是四年下來他的病情父親從不知道，三是沒問妳地址只問住哪裡，不表明居地區，四是不表明求教過宮壇神明，從這幾個角度看都是有悖離常情，四年之久就醫治療，求助宗教，都是很正常的事，這個案例我聽起來怪怪的，也很懸殊。」

該婦人有點不好意思的問說，老師這要怎麼處理。我回說依我慣例都是到犯者居住的住所處理。婦人想了一下就說能不能不到家裡處理。老師即建議該婦人，先不談處理過程，先請第三者出來對話聽聽看，婦人連忙回說他爸爸不知情沒有第三者。老師回說所謂第三者即是女鬼魂，請女鬼魂出來附在妳兒子的肉體，鬼魂自會說什麼原因要纏妳兒子不放，抑或說鬼魂已身有什麼冤情，只要妳同意，我就會吊那女鬼魂出來附在妳兒子肉體講話。

婦人問說會不會很恐怖。想了一下回說也好。婦人既同意了，我就隨即準備吊鬼魂，一切動作準備就緒後，即開始催符唸咒，約過十分鐘女鬼魂已來附在張ＸＸ的肉體。

老師問：請問你是男鬼魂或是女鬼魂，你是什麼緣由纏上張ＸＸ不放。

女鬼魂回：約過兩分鐘一直沒有回話。

老師問：你鬼魂是不是不能開口說話。

女鬼魂回：點兩下頭。

老師問：我幫你開喉讓你能開口講話好嗎？

女鬼魂回：點頭一下。

老師問：你將頭抬高，現在幫你開喉，（過程是動作），好，可以說話了。
女鬼魂回：我是女鬼，我愛張ＸＸ的，我已跟他四年了。
老師問：妳既然出魂要講實話，先講妳是怎麼死的，妳不能吃名詐姓來騙陽間的人，若敢騙我會修理妳的。
女鬼魂回：我是被人害死的。
老師問：妳死時有沒有人幫妳收屍，家人知不知道，妳已經死了？
女鬼魂回：朋友幫我收屍，家人知道。
老師問：既然有人幫妳收屍，為什麼不歸陰府，逗落在陽間纏人，使人精神異常呢？
女鬼魂回：我不甘願，我不下地府，我要報仇。
老師問：妳幾歲時死的，那今年幾歲了？
女鬼魂回：我十六歲時死的，我今年十九歲。
老師問：在這四年當中，妳跟張ＸＸ有什麼情仇恩怨，為什麼相纏這麼久不放手，纏他有什麼好處。

女鬼魂回：我愛他，也跟張XX相眠且有行房，兩人形同夫妻三年以上了。

老師問：妳不要胡說八道，人鬼殊途陰陽不兩立，妳說不甘願要報仇，這不是相互矛盾嗎？

女鬼魂回：他與我沒有仇，自我遇上他，就愛他要他娶我為妻。

老師問：妳女鬼魂要張XX與妳冥婚的意思，但他未婚，他家人、父母不可能同意的，妳要想清楚啊！

女鬼魂回：我現在跟他睡覺，等他結婚後，我寧願做第二的老婆，我不要爭做大老婆。

老師問：我勸妳不要與陽人爭婚，妳要什麼條件才願意離開張XX，妳講出來聽聽看。

女鬼魂回：我什麼條件都不要，我只要他做我的老公。

老師問：妳女鬼魂真的講不聽，給妳三分鐘的考慮，若是講不聽等一下看我怎麼修理妳。

女鬼魂回：我不想離開，我要張XX娶我。

老師問：與妳冥婚他家人不會同意的，可請他家人準備一些祭品祭拜妳一番後，我再請引魂童子，引魄童郎，引妳歸廟寺或地府去歸位。

女鬼魂回：我不願下地府，我什麼都不要，我只要跟著他，不要跟我講條件。

老師問：妳什麼都不要，妳惹我生氣，我就動手修理妳，我用五雷轟妳轟到魂飛魄散，讓妳無能歸陰府。

女鬼魂回：我不怕你打我，三年前張ＸＸ他家人有去宮廟處理過，我連神明都不怕了，哪怕你打我。

老師問：此時我就動手敕轟女鬼魂，也就暫時的離開，犯者張ＸＸ跟我講，老師它沒有離開，它還站在旁邊，話講完不到三分鐘女鬼魂又附上犯者的肉體，又繼續講話。

女鬼魂回：你打我，我閃開，我說過不怕你打，我決定要跟他不走。

老師問：妳真的不走，那我就不留情了。

隨即掌雙五雷轟出，女鬼魂隨即退離後，又來了一個男鬼魂，又附在張ＸＸ

的肉體，更兇悍，更難纏。

男鬼魂回：我有修練過不怕你打。

老師問：請問你與這女鬼是什麼關係。

男鬼魂回：不跟你講，有本事打我，你打不到我的，我有修練過飛魂術。

老師問：你是存心來鬧的嗎？有種你不要走。

隨即化燒三張符令給犯者張XX喝下，再掌指勅退男鬼魂，退不到兩分鐘又附上張XX的肉體，口中唸唸有詞說個不停，聽不懂講什麼。

男鬼魂回：我不是來鬧的，我是來與你對鬥，見見你的法術有多高強，看你有多大的耐性，如果你今天打不到我，我會鬧到你無法收拾，看誰比較有耐性，看誰比較厲害。

老師問：你是跟我來硬的，那我就不留情了。隨即腳踏罡步，兩手掌雙五雷連續轟三下，再補兩下，一下是劍指開殺，一下是穿心追殺，這些指訣都是對鬼魂很嚴厲的懲罰，也是對鬼魂開了殺戒的禁忌。

男鬼魂回：你追殺我，我雖有傷到但不嚴重，有招盡量來我還承受的了。

老師問：你鬼魂敢嗆聲，又看你不動如山，你確實有修練過，我所接觸過的案例你第二猛，你敢作對我會繼續出招，轟到你招架不住為止。

男鬼魂回：張XX去宮廟乩童對付我，我都撐得過，神都不怕了，我會怕你嗎？

老師問：你什麼都不怕，我就將你鎖魂，再封喉禁聲，讓你回到陰間當一個啞巴鬼，讓你永遠開不了口。

男鬼魂回：來啊來啊！我在等你啊！

老師問：是你嗆聲要我來的，你頭抬高不能做縮頭烏龜，今日鈎你魂，轟你魄，鎖你喉，禁你聲，將你魂魄打落十八層地獄，永遠不能超生（所有過程均以動作進行）。

男鬼魂回：沒動作，沒聲音，不敢再嗆聲了。

老師問：此時犯者張XX清醒過來了，我就請犯者到浴室將臉沖洗冷水，鬼魂退了就好，洗好回來坐在椅子上，不到十分鐘鬼魂又來附身，喃喃自語唸個不停。

男鬼魂回：批罵政府沒有公信力，不照顧良民，講了約十五分鐘之久，已沒有意志力可再相纏續鬥了。

老師問：你有不服嗎？若沒有限你三分鐘自動離去，三分鐘到沒退離，我隨即掌雙劍追殺指訣，追殺到你鬼魂離去。在這過程整整折磨了三小時，所有到此結束了。

回憶人鬼格鬥三小時

起先女鬼魂雖耍賴，但過程尚溫和沒有頑抗，時間折磨了約一小時，女鬼終屈服退離，未料到男鬼續來纏鬥兩小時，這是我接過數百案例中，第二次難纏的鬼魂。一般男女鬼魂多為訴訴苦、說說冤情、索討錢財衣物，只要犯者家人同意獻給，鬼魂都很願意離去。碰到一些男女鬼魂耍賴的，只要我動手勅個三下幾秒鐘就退掉了，從未見過好話說盡，粗話罵出，煞符喝下，違反道家的禁忌，勅轟嚴厲傷害鬼魂的手段均做出，鬼魂仍穩坐如山不動搖。能纏鬥耍賴三個小時的紀錄，在這過程本以為鬥不了這無賴的鬼魂，男鬼魂來附體時已表明他有修練過的嗆聲，就心中自想在幾百個案例中，兇狠打人，耍賴不走，纏鬥不休，妖、魔、鬼、怪，花樣百出都見過，沒有一個趕不走的鬼魂，雖有修練的鬼魂比較難纏，但也不至於驅離不了的。終真是遇到了，我不但佩服這兩個男女鬼魂，有這個能耐僵持這麼久，但我也相信女鬼魂平安無事，男鬼魂應該是傷痕累累，回到陰間也不成鬼形，平時常自我要求對鬼魂不大開殺戒的我，終無奈的破戒追殺鬼魂，若鬼魂不頑抗拒退，以道家的戒律是不追殺的，也不傷害到鬼魂的一根寒毛。

筆者曾被女鬼魂姦淫惡整七個月

筆者本人曾在二十八歲那一年，去北海岸福隆海邊戲水，回來第四天覺得精神泛散，全身無力，起先以為戲水受風寒而感冒。事出兩天的晚上要上床睡覺時，嚇見面前有一形影站立在我面前微笑，我問妳是誰，沒有回應，連續問了三次，只見那女鬼微笑不語，嚇到當晚不敢睡覺。

在客廳看電視又發現好像有人在背後拉我的頭髮，又嚇到不敢看電視，就把燈關掉準備要就寢睡覺，人一進到房間那女鬼又站在床邊微笑。那女鬼的臉形無法很清晰的看清楚，臉形及身軀如一層白霧罩住，只能看到身軀微胖，年齡用猜的約三十歲左右。在這個時候我火大了，就去拿一支掃把來亂揮亂打，可是鬼魂是打到的，那鬼魂也翻臉了，在我躺下床還沒入睡，那鬼魂又來拉我的腳，我右腳想要踢出去，就是兩腳動彈不得，乾脆不睡了，把屋內所有燈光打亮已近凌晨五點了。

隔天整個人精神很疲憊，到晚上九點已累到很想睡了，關上大燈只剩小燈一點點光線，一躺上床半睡半眠中，那女鬼又來了，就隨即撲在我身上，致我要開口罵她喉嚨如斷氣喊不出來，想要揮手打她雙手不能動，此時整個人就昏昏迷迷，任由女鬼姦淫擺佈，不一會兒，就發現了內褲沾了很多的精髓穢物。平心而論，與女鬼相慾比一般男女實體的快感還要好，當時二十八歲年輕氣盛，心裡雖怕但還是想再試試看，會不會每次都有相同的快感舒爽。結果一星期來了四次，每次女鬼撲上身體，我就全身僵硬，整個人均進入昏迷狀態任其女鬼姦淫，沒有一點點力氣可反抗，事經過十多天後，每到夜晚都嚇到拿舊衣服或報紙，塞門縫且關上所有的鋁門窗，女鬼照樣無孔不入。連續九天來五次，續後改用火把沾汽油點燃，要睡覺前將屋內，用火把將屋內客廳各個角落，清淨一遍也嚇不走那女鬼。照樣的三～五天來一次，我自己在想剛開始因無知，想試試與鬼相慾的滋味，確實與活人實體更有快感，差不多將近兩個月後，自己在想總有一天我會死在那女鬼的手上，就找了一位道家法師幫我處理。

驅除鬼魂結果是有停沒有除，二十多天後又來了，可能是有報復的心態，一個晚上來兩次，整個人已開始面黃肌瘦，精神與精力可說是被那女鬼吸盡，只差沒有精神失常而已。事拖延第七個月，經人介紹前去基隆的一個山上，有一家三太子宮壇，到宮壇前有一位女乩童跳出來，向我說後面有跟隨一個女水鬼，全身衣服是濕答答的跟在後面，我聽完心裡毛毛的，更是有一點怕。

此時宮壇主持也出來，我就問幫我驅趕鬼魂要多少酬金，回說要七千元，若換算到現在應超過十萬元了，三太子起駕說我從海邊帶了一位女水鬼回來，聽起來也有一點吻合，即請三太子幫我處理後，女鬼再也沒有找過我，一切恢復平靜。自此至今整整超過三十四年，再也不敢去海邊戲水，也自此立誓妳鬼魂敢欺負我七個月，我立定決心要來研究陰間的鬼魂，在有一天我學會了，看我怎麼修理這些鬼魂。但又回憶起來被惡整了七個月，沒有精神失常，沒有生怪病，只是發洩過多身體些微虛弱而已，也是不幸中的大幸。原筆者所居住的房子是租的，被鬼嚇到就急遷離該屋，續後由二樓一位經營美術燈飾的老闆，將三樓承租下來當倉庫放燈飾，原本留下一張彈簧床尚有七分新，這張床被鬼魂使用過七個月我不敢要，就留在三樓。新承租老闆的爸爸認為要丟掉可惜，將那張彈簧床搬到二樓來，換掉他原睡的舊床，睡不到兩天那鬼魂就找上門來，站在床邊向那位老人家說，床是我的把床還給我，嚇到那老人家天一亮，即將床搬回三樓還給鬼魂。

本以為床還給鬼魂就沒事了，未料鬼魂變本加厲，天天晚上在老人家入眠時，都來向他托夢表示，整個屋內的空間全被佔滿了，要老闆將一箱一箱的燈飾搬走，燈飾公司老闆不信天下有鬼魂會佔屋，不理睬父親的反應，請父親不要迷信鬼魂，「房子是我承租的，真的有鬼叫它來找我啊！」老闆大話講了不到十天，鬼魂真來找老闆，讓他忽然暈倒在地口吐白沫，自此父子過著不平靜的日子。

有人勸老闆人不與鬼鬥，陰陽不兩立，人鬼殊途鬥輸會敗，老闆不信不到十個月，生意減半整個人也慢慢虛弱，精神方面也有力無氣，陰間的鬼魂實讓人氣到牙癢癢的。

事隔兩年報復的機會來了，當年我是三十歲那年，忽然發現筆者的右手，中指與大拇指相互接觸，似如有電流相觸中指會震動，且會發熱整根手指麻麻的，在有一次三位好友一起泡茶聊天時，我提起中指會震動且發熱之事，猜想以後可能會用中指行醫，其中一位好友聽到這句話，笑了出來且喝在口內的茶水也噴出來，更有人說你在講天方夜譚。

結果事不出三年，道家法術這一行也學到相當一個階段，開始替人服務辦事，只要有人被卡陰邪，醫師無能醫治的案例，有機會接手過來的案子在辦法事時，無論右手持劍指，右手掌穿心指，兩者均使用到中指，只要犯者卡到陰邪，孤魂野鬼，遊路亡魂，伸出手指訣一勅，鬼魂就被驅離犯者的軀體，精神很快就恢復正常，在這三十年當中，不分國內外已有好幾百人受益，中指神功三十年以來不知嚇走多少鬼魂、妖邪魔，這些陰間鬼魂被劍指或穿心指勅到，即魂飛魄散，有如被刀槍殺到的威力。

服毒自盡的鬼魂也會爭風吃醋

新北市蘆洲市有位二十八歲的失婚婦人，離異後為生活而進到一家茶藝館上班，賺取生活費養育子女，上班九個月後即認識一位恩客，進而兩人相互往來，該位恩客三天兩頭就去店裡捧場，而且給的坐檯小費都很高，雙方日久生情成為知己。

林女身材姣好，臉蛋頗有姿色，在茶藝館很有客面，有很多常客在追求，林女趁時機常在下班後應客人的要求，被召去賺取夜渡資，兩年下來累積了一點財富，即向男友表示，不想再在這種風塵鬼混，想要結婚享受第二次的婚姻幸福。被其他常客知道後，即以高價向林女包場，花了七萬元包了一星期出去旅遊，那位包客向林女表示，為了刺激每到夜晚時，兩人都到荒郊野外去打野戰，到第六天即發現全身都有青一塊黑一塊，且鬼魂附在耳朵跟林女講話講個不停。回來半個月後，男友無法接受這個事實，恨而離開林女，自此林女也開始精神有點恍惚，耳朵又有鬼魂鬧個不停，發現情況不對，就前去看診精神科醫師，醫師說是人格分裂症，吃了一個月藥仍難治癒，改前去求教宮壇神明，神明指示撞邪卡陰，經過宮壇祭解驅邪也沒得到改善。

林女在茶藝館上班必會與客人摟摟抱抱，每在與客人舉動親密或摟抱時，鬼魂即會在林女耳朵罵粗話。回到家裡睡覺到天亮，手腳就會青一塊黑一塊，連續三個月後全身青黑已達很嚴重，客人見狀也慢慢疏遠不點林女的檯，林女只好休息在家無能繼續上班。

在家休息期間鬼魂仍不放過她，常在耳裡催促林女趕快去上班抱男人，不上班抱男人就去跳樓，林女被整到無法忍受，有好幾次想要一死百了，每次都被同事好姐妹勸解，有孩子要養要有耐心鼓起勇氣，要度過這個難關。事後經人介紹前來找筆者商談，在我聽完林女的傾訴後，即回林女必須要與鬼魂妥協，若不妥協到最後會變成精神病。

林女聽完即說，請問老師要怎麼妥協鬼魂才會放過我，老師即向林女表示，這要吊鬼魂出來問話，看鬼魂怎麼說才知道，林女答應了，老師就請林女隔天下午兩點再來一趟。

在第二天林女來時，老師隨即準備就緒，開始催符唸咒請鬼魂，時間約過十多分鐘鬼魂就出靈來附林女的身。

老師問：請問鬼魂你相纏林女有多久了，為什麼要纏著林女不放，你有什麼用意，又將她身體捏的一塊青一塊黑。

鬼魂回：纏多久你們都知道了還問我，查某人人要。

老師問：請問鬼魂，林女在什麼地方被你纏到的，你能說來聽聽看嗎？

鬼魂回：這對狗男女不是說打野戰比較刺激嗎？有一天晚上他們在我墳場前，有塊平面草皮地，兩人在打野戰驚動到我。

老師問：你生前沒有結婚嗎？我來居中協調，你鬼魂放她一馬，原諒她的一時無知，你願意嗎？

鬼魂回：我二十三歲時為感情服藥自殺而死的，我很愛她，我不放棄她，我每天要跟著她，要她做我的妻子。

老師問：人是人，鬼是鬼，林女離婚還要養育小孩，已是夠可憐了，你鬼魂再不放手，她精神異常，你鬼魂忍心嗎？

鬼魂回：我很愛她，我要娶她做我的妻子。

老師問：林女全身瘀青是你鬼魂抓的嗎？

鬼魂回：她抱男人我吃醋，她身上的瘀青是我捏的，我不准她去摟抱別的男人。

老師問：好，到此你鬼魂開個條件，怎麼樣的條件你才肯放手。

鬼魂回：我什麼條件都不要，我只要愛她，我晚上要陪她睡覺，我就滿意了。

老師問：你鬼魂若是講不聽，真的要纏續鬧下去是不是，要讓我動手你才甘願嗎？我希望我們雙方用溝通的。

鬼魂回：你那麼兇，我不理你我要走了。

老師問：你沒講好，若是敢走我就掌五雷，轟到你魂飛魄散，讓你鬼不成鬼，要不要試試看。

鬼魂回：停了約三分鐘不回話，好啦你們去安排就好，我不要講了。

老師問：既然要讓我們安排你就聽好，再過七天你鬼魂到犯者住居處，請林女準備一些祭品及經衣紙錢，祭拜一番再向你鬼道歉，你鬼魂享納後應歸回原位，不得在陽間做孤魂野鬼。到此結束了，鬼魂也退離了。

姦夫淫婦被鬼魂揭穿姦情

有一對違背家庭的姦夫淫婦居住新北市三重區，相約到郊區夜遊回來的隔天，即精神昏沉整天迷迷糊糊如白痴，情婦沒事，情夫瞞著妻子不敢據實說出，就請妻子前去宮壇問神，神明指示被卡到陰邪，有經過一番的處理，可是沒有改善，精神一天比一天的惡化，連走出家居住所不到一公里路，都找不到路回來。精神惡化極快，妻子惶恐心急的再前去請教道士，道士幫他祭改三次仍是沒有改善，不但沒有改善反而再更加惡化，整天坐在客廳沙發上自言自語，不吃不眠。其妻前來找老師問說，像這樣是什麼原因。老師回說須看到本人才能知道原因。

第二天其妻將犯者王先生帶來，經我看出王先生的眼睛下眼胞反黑，又看他眼神昏沉目不轉睛，即問有在外面亂撒尿嗎？依經驗這是穢物傷到鬼魂，受陰邪報復的現象。犯者王先生回說沒有，我再問你一次要不要據實說來聽聽看，若你再否認現在可以馬上回去，王先生猶豫了一下才回說有啦！

只有說有啦不夠詳實，應說更清楚一點。此時在旁的情婦臉色變白，假裝朋友關心。老師回說妳不要講話，妳的奸門也反有青氣，男女關係有點複雜。此時犯者王先生說，有一天晚上出去玩，一時尿急就在山區的斜坡邊有撒尿。我就問說要不要再講老實一點，再問你，你的生殖器官可撒尿還可做什麼事。此時情婦心裡有數姦情快要被揭穿了，就插話說我有事你們在這裡，我要趕快回去煮飯。

老師就問那情婦妳可慢個十分鐘嗎？隨即半開玩笑說，妳飯不是煮熟了嗎？吃也吃飽了，啊不用再煮了啦！情婦聽出其意，馬上回說不要對婦道人家開玩笑。

情婦走了後我再問犯者王先生，這個婦人你有熟識嗎？回說是朋友，是知已的朋友嗎？好啦有些話我不便講的很明，請問王先生及王太太，有些話留給鬼說，吊那鬼魂出來對話你們夫妻可同意。

王妻問說鬼怎麼會講話。妳就不用問只要妳同意，我就將鬼魂吊出來附在妳老公身上對話。王妻回說好，我就開始化金紙，催符唸咒後約十分鐘，鬼魂已附在王先生身上怒氣沖沖的拍桌子。

老師問：你鬼魂為什麼那麼的生氣，你有什麼不滿嗎？可以不生氣慢慢講嗎？

鬼魂回說：我不生氣，難道叫你生氣喔！他在我墓上撒尿又拿穢物丟我。

老師問：所謂穢物你可講清楚一點嗎？撒尿，王先生已有承認了。

鬼魂回說：他們在我墓上做不要臉的事，做完把衛生紙丟在墓上，不是穢物是什麼，我會再找剛走那位婦人報復，我的氣才會消。

老師問：我約王先生夫妻及那位婦人，去你墓前道歉，清淨一下化一些紙錢給你，表示悔意你能接受嗎？

鬼魂回說：要跪在墓前三叩頭，我才會原諒他們。

老師問：你鬼魂再等五天，這事情不但要道歉，還要準備一些祭品去誠心向你祭拜一番，你可先退離王先生的軀體嗎？

五天一到再約那情婦一起去，第三天王妻要去約情婦一起去祭拜，王妻帶著怒氣的心情去，結果兩女人一言不和，王妻推了情婦一把，情婦跌倒手即斷掉，原因出於情婦否認有姦情之事，不願一起去。王妻一生氣就推她，情婦否認據說也不好過，在住院期間自己喃喃自語，且鬧著要跳樓。

車禍撞死女學生報復在母與妻

因開車撞死了一位女學生後，家庭就一直不平靜，事故發生後民事賠償一百多萬也賠完，刑事坐牢六個月也出獄了，可是冤魂仍不放過賴先生。據賴先生轉述有一天開車到嘉義的鄉下，因閃車不及撞死一位女學生，自此苦頭吃不完，每到夜晚睡覺時冤魂都來喊冤，半夜中常常做噩夢驚醒後就不能再入睡，且母親的右腳盤生了一種無名腫毒病，看遍了嘉義地區的醫生，就是無能醫癒母親的腳。賴母腳盤腫了兩倍大，一不小心碰到即流血不止。

賴先生是一個單傳孝子，說到傷心處眼眶紅眼淚滴。又坐完牢後結了婚，妻子懷胎十二個月不能生產，與別女人懷胎十個月生產相差兩個月，本想要剖腹生產，但長輩建議要自然產，賴某擔心拖久會胎死腹中，又經婦產科醫師檢查胎兒正常。在事故發生後兩年家庭都不和諧，常口舌爭吵不停，精神都快要崩潰了。

筆者與賴先生講到此時，忽然間眼前顯現一團黑影約一兩秒就消失了，看似汽車輪胎的形樣，頓時確實我有嚇了一跳。即問賴某現階段有沒有開車，回說沒有，自發生事故後，就改騎機車，目前也沒錢買車了。

此時即建議賴某，我今天幫你媽媽及妻子，做過法事後，你自己去找冤魂的家人表明，問看那位冤魂女學生，墳墓在哪裡，買些祭品去墳墓上香道個歉，請冤魂了願不要再相纏不休，祭拜時向冤魂表明，你在民事方面有賠償家屬，在刑事方面已坐過牢，今天在妳冤魂墓前向妳道歉，請妳冤魂事過今了願。

第三天賴某確實照做，事情經過二十三天後，賴某來電話說母親的腳，已退腫還沒痊癒，但已能走路了，老師我告訴你一個好消息，你法事做完的第三天，我有去冤魂的墓前祭拜她後，第五天我太太就自然臨盆，生了一個可愛的男寶貝，也就自此不再做噩夢了。

我回賴某說，聽完你的轉述道義上的責任都做了，只是欠冤魂一個道歉而已，此時賴某急著說，我有向冤魂許一個願，若母親腳能癒，我太太能順利生產，家庭能平靜，我願在隔年的清明節前後，再去祭拜她一次。我回說冤魂不可亂許願，若你有向鬼魂許願，記得明年要去謝願，好，事情圓滿就好，到此結束談話。

女鬼披頭散髮深夜來訴冤情

住新北市三重有位女同學，在農曆七月，俗稱鬼月，參加學校舉辦的畢業旅行，從南台灣旅遊到東部回來後，精神狀況一直不穩，常在深夜自己坐在床上自言自語，有人說我神經病，可是我自己知道我沒病，說完後就唱一些哀怨的流行歌曲，唱歌時都將頭髮弄到披頭散髮，讓家人感覺恐怖著急。幾個晚上情況都類似，陳同學第四天又發作時，陳爸爸在深夜十二點多來電話，請林老師拜託跑一趟，在我到陳同學家時，第一眼看到是陳同學披頭散髮在唱哀怨的流行歌曲，唱完低著頭不言不語，續又將被單蓋在頭上，說很慚愧。

老師將陳同學蓋頭上的被單拿下來，那鬼魂附在陳同學的軀體，低著頭在哭，喃喃自語聽不太清楚，看起來是很哀怨又恐怖，此時老師即安慰那女鬼魂，妳把頭抬起來，女孩子披頭散髮不好看，將自己的頭髮梳好。女鬼有照做。妳坐好老師來問妳，妳要據實回答我的問話：鬼魂點頭。

老師問：妳女鬼魂是怎麼死的，陳同學跟妳有什麼情仇恩怨嗎？

女鬼魂回：沒有回話，頭低低的在哭。

老師問：妳要講話啊！哭不能解決問題，妳家住哪裡，妳是怎麼死的？

女鬼魂回：住南部啦！被人害死的……（拉長聲）。

老師問：妳講的不詳細也不明確，請妳講清楚一點，我才有辦法幫妳。

女鬼魂回：我二十五歲時被人害死的，是為感情死的，我死很冤枉。

老師問：妳為感情死，妳應有男朋友嘛，可以講出男朋友的姓名嗎？

女鬼魂回：我男朋友叫王XX，他知道我被人害死，我男朋友多我三歲。

老師問：妳叫什麼名字，今年幾歲，若妳敢吃名詐姓來騙我，我會動手修理妳喔！據實報上妳姓名來。

女鬼魂回：我無騙你啦！我叫林X，我在二十五歲那年被人害死的。

老師問：妳知道妳家中有多少人嗎？有誰知道妳被害死，有沒有人幫妳收屍？

女鬼魂回：我家有父母雙親，還有一個哥哥，沒有其他的人了。

老師問：妳女鬼魂怎麼沒回去找家人，幫妳妥善的處理，甘願在外做遊路亡魂纏人，妳應該歸回陰府。

女鬼魂回：我魂魄渺渺茫茫，找無路可回去，才會在外做遊魂……（嘆長氣）……怨氣很重。

老師問：妳現在有穿衣服嗎？妳身邊有銀錢嗎？妳肚子餓嗎？妳能回陰間嗎？

女鬼魂回：我有穿衣服不過很醜又很骯髒，沒有銀錢，我是遊路亡魂飄浮不定。

老師問：妳的狀況我大概都知道了，若妳肯離開陳同學，我可商請她家人獻化一些亡魂錢給妳，不過條件要講好，才會答應妳。

女鬼魂回：我要三套洋裝，要粉紅色漂亮一點的，其他由你們安排就好啦！

老師問：妳女鬼魂要的三套洋裝答應妳，另外再準備一些祭品茶飯，亡魂紙錢，再過三天的中午一點，妳自動前來陳同學家，受納供品及獻化紙錢。所有過程此結束，鬼魂退離陳同學的軀體了。

女鬼魂違背雙方約束

前一天深夜凌晨三點多才離開，未料事隔一天又來附身陳同學，據陳媽媽轉述說，鬼魂附在女兒身上時，將我的雙手拉的緊緊說，媽媽歹勢啦，歹勢啦！

陳媽媽在深夜十二點多，急電話來再拜託老師跑一趟，陳媽媽嚇到電話講的不很完整，在我前去到陳同學家時，發現那女鬼魂又披頭散髮，低著頭不言不語的在哭，與前一天的情形很雷同。

我即進前痛罵那女鬼，妳三更半夜又來嚇人，妳是欠修理是不是，妳給我坐好不准動。女鬼魂坐在椅子上頭低低的在哭訴，我不是故意的。

老師隨即開口問妳與前一天的鬼魂，是不是同一女鬼。

老師問：妳三更半夜來附陳同學，妳是什麼名什麼鬼，報妳亡魂的姓與名來聽聽看。

女鬼魂回：（女鬼魂嘆長氣的說）歹勢啦！

老師問：什麼是歹勢啦！三更半夜來擾亂陽間的人，若不照實報出妳亡魂的姓名，妳晚上想要退是退不了的。

女鬼魂回：林……XX，無法度啦！太艱苦啦！（聲音低沉且拉長聲）

老師問：妳鬼魂身體不舒服嗎？聽妳講話好像病的很重，要不要我幫妳，給妳暫時輕鬆一下，要的話妳說一聲。

女鬼魂回：聲音很低沉的說好。

老師問：我在妳胸前勑醫病符，然後再勑一杯甘露水讓妳鬼魂喝下。

女鬼魂回：（約過三分鐘，女鬼回說現在舒服很多了）謝謝仙師。

老師問：我要印證妳今晚與前一晚講的話，妳幾歲往生的，妳的男朋友叫什麼名字。

女鬼魂回：我叫林XX，是二十五歲時死的，男朋友叫王XX，我講的都是沒有騙你啦！

老師問：妳回答的與前一晚相同，這可證實是同一鬼魂，那妳今晚來有什麼需求要幫妳的。

女鬼魂回：我病的很重，希望你也同時幫我醫病好嗎？其他就照你們安排。

老師問：若是經過祭拜後，也幫妳醫病後，妳可要照約束，不得違背諾言，同意的話就到此結束，妳可退離回陰間了，

工廠女工為情跳樓沒死吃飯反噎死

台商在大陸創業，僱請台幹過去負責工廠的廠務，這位台幹是台灣桃園縣人，回台休假順便前來請教筆者，工廠女員工跳樓鬼魂之事。這位台幹職務是廠長，負責工廠的生產線兼顧管理員工，去大陸已有七年之久，到第六年廠務發生了很多問題，且自己身體健康不佳，精神不振渾身乏力。細說年前工廠有位女員工與男員工，兩人有感情關係糾纏不清，情關難解，自己身為廠長就居中協調，兩位男女員工均從外地來打工賺錢，兩人相識進而交往成一對戀人，因相愛相歡有了身孕。女方要求男方要負責任，兩人要成婚，可是男方逃避責任，以沒有經濟推委拖延，又否認女方的身孕是自己的種，理由是女方也常跟其他同事，共進共出的出去遊玩。女方嚴厲指責絕沒有跟其他同事不軌，若有願以死明誓，廠長及兩方協調的很不順沒有結論，女方很無奈的責罵廠長的無能，男方的耍賴，女員工認為協調過程中廠長有些微的偏坦男方，女方憤憤不平的說一是結婚二是死，當時廠長以為是講氣話嚇嚇他而已，過程沒很重視。隔天女方憤而跳樓要自盡，樓層只有二樓沒跳死，但受重傷，經送醫住院約二十天，傷治癒出院回工廠宿舍休養一星期後，就進廠房續打工原來的工作崗位。廠長在這期間有跟女員工安慰，約好在星期日的下午續談兩人的婚事，未料進廠工作的第三天，中午吃午餐時，無緣無故吃飯被噎死在餐桌下，經送醫已無救了，這是一屍兩命。

事後廠長內心很不安，回憶這位女員工跳樓的前三年，也有一位女員工在同地點跳樓死亡，廠長自己很自責的說，這位女員工在休養中有陳述，跳樓前及跳樓後，均常做噩夢，夢中常見有一女鬼魂來找她，兩人偕伴出去夜遊，又在夢醒時都滿身大汗，嚇得隔天都沒有精神工作，渾身乏力。

廠長指述自這位女員工吃飯噎死後一個月，每到深夜自己就內心惶恐不安寧，與女友同居相眠已有四、五年之久，都相安無事，從此事發生後，每到夜晚在睡夢中都會夢見那女員工來找他哭訴，說死得很冤枉，嚇得這位廠長日夜難安魂不守舍。又是女友有事沒事就找他吵一架，沒有一日安寧，在這廠長與筆者相談間，可看出他眼神昏沉，精神不振神情不安講話的聲音低沉，當時的氣溫是夏天，手腳均降溫微冷，依筆者的經驗這已被鬼魂卡身是錯不了的。

女鬼相陪青年男昏睡四年不醒

新北市五股區有位青年男被女鬼相纏四年不放，睡眠異於常人，據曾姓青年男的母親轉述，其兒子今年二十一歲，自十八歲即開始昏睡已有四年之久，他的睡眠最短一睡就是三天三夜，最長的睡眠九天九夜，其中有不等的睡眠，四年下來很難估算。很玄的是一睡就是幾天幾夜，不吃、不喝、不拉、不沐浴，叫也叫不醒，請也請不起，四年之中，就診精神科醫師，醫治不癒，求教各宮壇神明祭改不靈，找過道家法師也沒轍，各種偏方都試過。父母很著急，有苦說不出，問他話也不言不語。

曾姓青年的母親來館找老師時，含著眼淚說這四年下來已耗盡家財超過一百多萬元，醫生說患了長年睡眠症，即是憂鬱症。神明指示卡到陰邪。老師聽完過程後，即答應隔天到曾姓青年家探看究竟。去到曾姓家時人還在睡覺，任我怎麼叫也叫不醒，問說他已睡幾天了，曾母回說今天是第五天了。我聽完即與曾姓青年的父母商量，化燒一張陰煞符給他喝，他昏睡又口緊著，一點辦法都沒有，最後取來一根湯匙用灌的。

約過十分鐘後，忽然醒過來罵了一聲，你們在吵什麼，影響我們夫妻的睡眠。這聲音聽起來很玄又很奇，明明是男的，發出的聲音卻是女人的聲音。等到曾姓青年起床後，我就問說肚子餓嗎？回說很餓，其母就去買了一碗麵回來給他吃，麵吃完後，再問他還餓嗎？回說不夠再買兩碗，我就請他暫時不要再吃了。

此時曾姓青年人已清醒回魂過來，老師即仔細觀看一遍後，即回問曾姓父母：你們注意看，你兒子今年二十一歲尚未婚，他的一雙眼睛見到日光燈的光線，兩個眼睛瞇瞇閉著張不開，依照人相研究學，這是淫慾過度現象，但他未婚應是與女鬼同眠，受到女鬼長期的姦淫而發洩過度，若你們有注意到，他的內褲應是有卡一層發洩出來的穢物。

其母即回說這有發現到，一直以為他是青春期發育期自然發洩的。再來注意看他的臉色已全然脫氣，這是陽氣已被陰鬼吸盡，整個人已達精神恍惚狀態，若是沒有處理好命也保不住。其母聽完淚流滿面，急著問說，老師這應該要怎麼處理才會恢復正常。我即回說不要急，若你們同意的話，可先吊那女鬼出來問話說原委。父母雙親即說可以吊女鬼魂問話，那當然是最好不得的。

好，你們既同意明天你們去買一些祭拜鬼魂的祭品及一些紙錢，我開給你，我明天下午兩點再來。

當天準備就緒後即焚香請鬼魂，那女鬼極快無比的隨即附在曾姓軀體講話了。

老師問：請問女鬼魂是住在他家嗎？以妳顯現的速度如此之快，應是同住在一起是嗎？

女鬼魂回：（開口即叫一聲媽媽，聽起應是叫曾姓青年的媽媽）我住在家已有四年了，我們兩人感情很好。

老師問：（轉話題向曾母說）妳家多了一位鬼媳婦，剛剛叫妳媽媽，好沒風度沒有回應妳媳婦的叫聲。

曾母回說嚇都嚇死了，還會回應。

女鬼魂回：我老公對我好就好，他從沒趕我走。

老師問：妳女鬼魂怎麼死的，妳今年幾歲了，妳想好再回答我的問話。

的。

女鬼魂回：我今年二十二歲，在十八歲那年因感情糾紛被凌虐憤而跳樓死的。

老師問：妳家人有沒有幫妳收屍，有沒有幫妳立牌位或送去廟寺祠堂供拜。

女鬼魂回：我魂飛魄散在外做遊路亡魂，遇到曾姓就附在他的軀體，約四年之久了，我現在過的很好。

老師問：妳好他不好咧！妳看曾姓每天都在昏睡，像是有魂無體睡的像死人一樣，妳鬼魂也太殘忍了。

女鬼魂回：他在睡覺，我都日夜跟隨在他旁側沒有離開他，我們兩人感情一直都很好，我要跟他冥婚。

老師問：好妳去死啦！人鬼殊途陰陽不兩立，妳今天既出來講話了，我希望把你們的問題理清，妳還魂給曾姓青年，妳也應該歸位。

女鬼魂回：道師你是要拆開我們兩人的感情，我不要，我很愛他，我要嫁給他，只要立個牌位就好。

老師問：應該拆就拆，應分就分，應離就離，若妳敢說要冥婚立牌位，我就不客氣，不要惹我生氣。

女鬼魂回：這也不行，那也不行，我要翻臉了。

老師問：好啊！妳翻鬼臉給我看啊！依我看妳是個善鬼，只要妳願意聽話，絕不虧待妳，由老師來居中安排，妳願不願意接受安排？

女鬼魂回：（猶豫了一下子，回問怎麼安排）若我不接受，你要對我怎樣，若我接受要怎麼安排。

老師問：不囉嗦，若妳肯接受安排，就請本境土地公，引魂童子，引魄童郎，引妳鬼魂到附近廟堂收容妳，跟隨神明妳可願意。

女鬼魂回：猶豫了一下說好。

老師問：既好妳鬼魂不可再反悔，我跟妳約定再過五天，會焚香請妳出靈，祭拜過妳鬼魂後，就照約束的方法進行，妳現在可退離先回陰間去，一切到此結束。

美少女脫光衣服說很清涼

家住桃園有位青春美少女，年僅二十四歲之齡，看起來真的很惋惜，被鬼魂纏身已有三年之久，在二十一歲時父母親發現女兒有精神異樣，常手指頭含在口裡，又把衣服全脫光，就前去宮廟請教神明，經神明指示說是卡到陰，前前後後經過幾家宮廟祭改不靈後，回頭找了道家法師驅除陰邪也沒有起色。在一年多的時間，耗盡了家財，本來家庭經濟就不寬裕，錢財也耗盡更失去信心，女兒的病情又沒好轉，第三年經人介紹前來找筆者。經我仔細觀察，陳女氣色與各面宮，陳女的眼睛之白睛已串了赤絲且筋尾已逗黑點，又眼胞已反灰黑。我就問其父母，除了精神異常，會脫掉全身的衣服以外，還有什麼異狀。其母說平時會將橡皮圈放在口裡當泡泡糖在口裡咬，大小便常在路邊就拉屎拉尿，也有一次脫光衣從桃園走超過三十公里外的台北萬華，找了三天才被警方送回來。又雙手十指的指甲都含在口裡用牙齒咬到指甲剩一半每指都流血。

我聽完陳女父母親細述過後，就問陳女為什麼將衣服脫光，女人家脫衣服不好看。陳女回說有人在耳朵叫我把衣服脫掉比較清涼，只要他叫我脫就聽他的話。有時記憶精神尚清楚時，反抗不脫就全身開始發癢，癢到忍耐不住，把衣服脫掉就感覺很清爽。

好，再問妳，妳將十根指頭的指甲都咬爛不痛嗎？回說我耳朵會有人叫我把指甲吃掉，沒有的話別人會剪妳的指甲去作法，我就開始咬指甲，耳朵還聽到咬大力一點。

那好，這麼一咬不是會流血嗎？回說耳朵都有人叫我把血吸進肚子裡，都說血很營養，我自己也沒辦法控制自己，且鬼魂常晚上夜睡時常來姦淫我，褲子都濕濕的。

所有過程全聽完後，我就跟陳女父母親表示，依經驗來說，女人的眼胞是腎臟在管，腎臟又管膀胱及女人婦科方面，應是在荒郊野外亂撒尿，被鬼魂卡身引起精神失常，若要進一步更了解，可吊鬼魂出來問話，看它鬼魂要不要出來對話，要的話疑雲會更清楚。陳女的父母親都異口同聲說好呀！

那你們再注意看你女兒哪一天情緒較不穩，在情緒不穩的當天再帶她來。結果第六天帶來時，我就將要吊鬼魂的過程準備就緒，即開始催符唸咒過程約五分鐘左右，鬼魂即附身在陳女身上。

老師問：你是何方的妖孽，憑什麼叫陳女脫衣服，咬指甲，你的用意在哪裡？

鬼魂回說：講的那麼難聽說我是妖孽，你罵我我不講，那你是什麼孽。

老師問：好，我不罵你，那我問你，你跟她有什麼情仇恩怨，你鬼魂卡在她身上有多久了。

鬼魂回說：你都知道了還問我，有三年多，我要跟她做朋友不可以嗎？她未嫁我未娶，她是我的未婚妻。

老師問：聽你這麼講你是年輕就死了，且成了孤魂野鬼，想要冥婚是嗎？若是的話不就是害死陳姓少女嗎？那再問你，你是陰她是陽，你家在哪裡，你不要胡說八道了。

鬼魂回說：你又罵我，我要走了，不理你們了。

老師問：人鬼陰陽有扯不清的問題，沒有理清前你若敢走，我就以雙五雷轟你到魂飛魄散，轟你魂不成魂，鬼不鬼，況且你夜晚常來姦淫陳女尚未交代清楚。

鬼魂回說：你們讓我走，以後我不找她纏她就是嘛，你那麼兇，這有交代了可以走嗎？

老師問：不可走！你鬼魂既有出來，就把條件講清楚，雙方約束好，我代陳女開個條件給你，請陳女家人擇個吉日，準備一些祭拜的供品，對你鬼魂表示敬意祭拜一番。

鬼魂回說：你做主意就好，到時我來你們會不會再對我兇。

老師問：你鬼魂同意，下次來會對你客氣，日期選好會再焚香請，但你鬼魂受納完，不得再纏著陳女不放，也不得帶走陳女的魂魄，你可要記得不得違背諾言。

年齡四十仍小姑獨處心嘆沒桃花

新北市鶯歌有位李姓小姐，年齡四十仍小姑獨處內心有點急，自三十多歲起到處找命理師，尋求桃花感情姻緣路，據李小姐述說已找過七位命理老師幫她做桃花，自己感嘆從沒有異性追求，請命理老師開桃花運也沒有音訊，自己左思右想這輩子可能註定是個老姑婆。李小姐在與朋友閒聊時，經朋友的建議說，有在書局閱看過一本著作，書名是斬桃花祭驛馬要訣，一本是婚姻感情和合秘訣，建議李小姐不妨前去找這位著作老師試試看。當李小姐來館時心胸坦白的開口說，老師我是李小姐，住鶯歌，今年四十歲，要請老師幫我看桃花感情，我今天來找老師是第八位，我前面找了七位老師也給了不少錢，所花的錢都是石沉大海，心有不甘，今天來想再試試看，請老師給我一個滿意答覆，有什麼不同的看法。

我聽完李小姐的說話，即回李小姐的話，妳前面找了七位老師幫妳做桃花，妳鐵定花了冤枉錢，你為什麼急著要有桃花，縱有桃花這種婚姻也不能維持，若是妳執意桃花感情妳可另找他人，我們談話到此結束。

李小姐急問說老師你有什麼看法，快講。我即回問李小姐妳想聽嗎？當然想聽。好，依妳的面宮格局來論，起先我拿個鏡子給妳照照看，妳整個臉面容已脫氣，一雙眼睛目不太轉睛，口唇已反白，每個月癸水來洗已減量且不順期，長期整個頭又暈暈沉沉的，妳已達貧血高峰期，若是蹲下去五分鐘再站起來，整個人會站不穩身會傾斜，左右肩膀都在痠痛，憑這幾點妳吃藥都難癒，妳還有什麼桃花可言，縱有桃花也是枯萎桃花難成婚，妳身上背了一個孤魂野鬼，纏著不放，且晚上睡覺常做春夢，鬼魂會來與妳性慾，妳等於是個病人。

若妳想要知道答案，再過三天妳和家人或朋友一起來，我將那鬼魂吊出來對話，在對話時妳的意識不很清醒，請妳家人或朋友旁聽。李小姐為了要知道這十多年來，無能解開問題，第三天就很準時來館，也和一位女性好友一起來。在我準備就緒即開始催符唸咒，鬼魂很快就附在李小姐的軀體附魂講話了。

老師問：你鬼魂既來附體，先報名來是男是女，你有什麼情仇恩怨，纏著李小姐不放。

鬼魂回：我是男的，她是我的女朋友，我很愛她，想要與她結婚，你們不要阻擋我們的好事。

老師問：若你敢再說結婚兩個字，你會被修理的很慘，繼續講清楚，什麼原因遇上李小姐的。

鬼魂回：在十五年前，她去過墳場遇上的，我就一直很愛她，就跟她到現在。

老師問：你是怎麼死的，你有沒有結過婚。

鬼魂回：我是為感情想不開自殺死的，我生前沒有結婚，我現在想要冥婚。

老師問：你為感情自殺，冤有頭債有主，李小姐與你不相干，你沒有理由要冥婚，而且她本身及家人不可能同意的。

鬼魂回：不同意她也嫁不出去，只要她交男朋友，我就會拆散她的感情，看誰比較有耐心，我跟她有十五年之久了，我愛她。

老師問：李小姐晚上睡覺做春夢，是你去姦淫她的嗎？她現在面黃肌瘦，你鬼魂忍心嗎？

鬼魂回：我跟她做愛有十多年了，她同意的，她從沒拒絕過。

老師問：李小姐拿你沒辦法，頑抗也沒用，你鬼魂不但毀損她身體的健康，也耽誤了她的婚期，你以為她願意嗎？

鬼魂回：你們不要勸我，我愛她就是了。

老師問：我來居中協調，你鬼魂開個條件來聽聽看，條件不得開太高，允許的範圍做得到的就答應你。

鬼魂回：我不要條件，我什麼都不要。

老師問：你鬼魂真的要鬧嗎？你要來硬的嗎？你若講不聽，我就轟到你魂飛魄散，讓你無法回到陰間，讓你永不得超生，做一個遊路亡魂。

鬼魂回：你那麼兇，我走了就是嘛！

老師問：你若沒交代清楚，膽敢走的話就不要怪我動手，也要將李小姐的房間封符，讓你不得出入，若你肯放手，我會轉告李小姐準備一些祭拜供品，化些亡魂錢給你受納，給你三分鐘的考慮。

鬼魂回：（遲遲不回應）給你們安排就好。

老師問：既答應，自現在起你鬼魂暫退離李小姐的軀體，再過七天你鬼魂自動前去李小姐的住居處，當天會焚香請你來享納祭品，所有到此結束。

色鬼夜夜來姦淫小鬼來撫摸

鬼魂的本性與陽人的生性很接近，住台北市的一位郭姓小姐，年二十五歲時被鬼魂纏到三十一歲，在這七年當中苦不堪言，郭女轉述一個月最少有十個晚上無法成眠，那鬼魂都會來姦我，也都帶一些小鬼來撫摸我的全身，每次被鬼魂戲弄時，整個人都昏昏沉沉全身無力，又被戲弄完都發洩出來內褲都濕濕的，這七年來每到晚上要睡覺，心裡都非常的驚恐。在二十五歲前胸部是很豐滿的，現在胸部已萎縮軟化到像麻糬一樣，自己在開玩笑說，胸前好像掛吊兩個小麻袋，整個人也瘦到沒有四十公斤，又面黃肌瘦，看起來是滿可憐的。被鬼魂纏身的事情向父母訴說，一家四口全是基督教徒，父母不但不理不睬且說天下沒有鬼魂，是自己在胡思亂想的，我們全家是基督徒哪有鬼魂會纏身。父母迷思基督，放任郭女自生自滅，郭女憤而從中部離開家庭到台北市，自己找了一位女同事合租房子住，郭女說一個月薪水不到一萬五，自大學畢業後均找不到工作，因精神上方面的問題，就算找到工作也過不了第二個月，就被僱方辭退，理由都是精神有問題為理由。到最後屈就於一家小公司，且每天只能上半天的工作，若是上整天的班一天下來就昏昏沉沉的，這家小公司要收留，是因朋友舅舅的公司半同情留她的。

每天那鬼魂均會在耳朵對郭女講話，叫她不要工作要跟她去遊山玩水，抑或要帶她去中南部旅遊，整天吵個不停。聽完郭女的細述，老師爭取郭女的同意吊那鬼魂出來對話。

老師問：請問你鬼魂是怎麼往生的，又為什麼纏著郭女七年不放，你跟她有什麼情仇恩怨，你可講來聽聽看嗎？

鬼魂回說：是在南投山區跌落山崖死的，她去山區遊玩我遇到的，我跟她有緣情意很相投，所以就跟隨她回家。

老師問：你跟隨郭女回家纏了七年不放，不是太過分了嗎？你有沒有看到她現在骨瘦如柴，又面黃肌瘦這樣不太殘忍了嗎？

鬼魂回說：她都不吃飯當然不胖，我很愛她才會晚上跟她睡覺，天未亮三更我就離開了啊！

老師問：你真是鬼在講鬼話，你纏著她使她精神不振，有胃口吃飯嗎？且晚上來姦淫她，致使郭女生理發洩過度會胖嗎？

鬼魂回說：我也是不得已的，也是很可憐死的很冤枉，道師那我應該怎麼辦才好，你能不能替我做主。

老師問：你鬼魂幾歲死的，現今有幾歲了，你死時家人沒幫你招魂嗎？沒立牌位給你嗎？

鬼魂回說：我二十二歲死的，我的屍體被野狗吃掉了，家人也找不到我。

老師問：既成孤魂野鬼，我代郭女家人替你做主，只要你肯退離開郭女的肉體，可做法事來祭拜你後，請本境土地公及山神土地，帶領你去附近應公廟仔，你可願意。

鬼魂回說：願意，應公廟會容納我嗎？

老師問：只要你鬼魂願意，本境的土地公會去與眾孤魂野鬼商討，讓你住進去，同是孤魂只要你不鬧事就可以了啦！

鬼魂回說：好啦你們去安排聽你的。

老師問：既同意就擇吉日祭拜你後，同時請本境土地公及山神土地，引魂童子，引魄童郎，引你去應公廟居住安寧過日子。

女鬼發狂四人抓不住一個鬼

家住新北市蘆洲區有位少女十八歲，尚在就學中，因撞邪卡陰，精神方面時好時壞，精神發作時四人抓不住她，令人懷疑的是謝同學體重不到四十公斤重，每次發作時頭都傾斜一邊雙眼白睛都往上吊，氣勢很兇，沒有同學敢接近她，學校老師將她送醫治療，醫師開給三天的藥，謝同學回到宿舍一次就把它吃完。

學校老師很疑惑謝同學的舉動，懷疑可能受到感情刺激，引起精神異常，學校怕出事，即通知家長到校辦理請假手續，謝同學請了一個月的假，回家休養醫病，跑遍了各大醫院，沒有得到改善。

改找道家法師，七個月過去了也沒改善，後來經朋友介紹前來找筆者，家人共四人押著一位弱女子來館，來到道館時老師真的有嚇到，那麼的瘦小還需要四人押她。

到時老師泡了六杯咖啡，各一杯，邊喝邊問情況有那麼嚴重嗎？約聊了十分鐘左右，謝同學發作了，大聲的喝斥說：你以為請我喝咖啡我就聽你的話喔，整個人站起來頭往右低斜，雙眼白睛往上吊。

家人見狀說這下慘了，只要一發作我們四人抓不住她，而且一發作都是頭斜一邊，也不言不語。老師隨即安慰鬼魂，請妳鬼魂暫時息怒先坐下有話好談，請妳喝咖啡是好意不要生氣，妳有什麼冤情等一下講給老師聽。

女鬼魂回話說有什麼好聽的。老師回說妳若有苦衷冤情，我來幫妳排解。女鬼魂很生氣的說，他們先前有去山上廟裡排解了六個月有用嗎？每次去都是化燒一些蓮花金，燒完就叫我走。老師回鬼魂的話，聽妳這麼講應有冤情未了妳的心願。

話講到這裡女鬼魂即跳上我的服務桌上，預做姿勢用腳要踢人。此時老師火大了，限妳一分鐘下來，若不下來妳今天是善鬼或厲鬼，我通吃，我喊到三不下來，我就動手修理妳。

鬼魂很囂張的說，來啊！來啊！此時老師即腳踏罡步，手掌雙五雷指訣，隨即轟出去，女鬼魂即癱軟在桌上，隨扶她下來椅子上坐。

約過五分鐘人清醒過來，且哭的很慘，謝同學家人一直在安慰她不要哭，老師向她家人說那不是她在哭的，就讓她哭一下我再來問話。鬼魂哭完後，老師就請她坐好，也向鬼魂說我問妳話，妳有什麼冤情據實的講給我聽。

老師問：妳是怎麼死的，妳有什麼冤情，剛才為什麼又兇又哭。

女鬼魂回：我是為感情想不開死的，在外做孤魂野鬼，無處躲風避雨，我的怨恨很深。

老師問：妳死家人不知道嗎？有沒有人幫妳收屍？妳能講出妳的感情對象嗎？

女鬼魂回：我死時家人一年後才知道，死屍被野狗啃掉了怎麼收屍，男朋友是流氓很兇講也沒有用。

老師問：妳既是飄搖不定的孤魂，那謝同學是怎麼與妳相遇的，妳可講詳細一點嗎？

女鬼魂回：她很不尊重我，撒尿在我身上，你叫我不生氣嗎？我要她跟我一樣可憐。

老師問：我商請她家人臨時去買紙糊新衣給妳換，再擇個吉日祭拜妳一番，妳把怨氣放下了結一個心願，妳願不願意接受。

女鬼魂回：有是最好。

老師問：妳既同意，等一下燒化新衣服妳先將髒衣換掉，再過七天妳自動到謝同學家，屆時會焚香請妳，祭拜供品妳享納後，再請本境土地公開路，請引魂童子，引魄童郎，引妳到附近應公廟去歸位，日後不得再相纏，所有到此結束，妳先退離回陰間去。

青春少女十六歲淫弄十個少年郎

青春年華的十六歲少女，家住新北市板橋區的某少女，尚在就學期間平時有假日，就喜歡與男同學到郊區去遊玩，起初沒什麼異樣，父母也就讓她順其自然，事隔一年多母親發現某少女，精神方面及講話有不尋常，即開始阻止她再跟男同學出去玩，可是阻止不了，父母氣到有話無處訴，就打電話來給筆者問說，類似這種情形有沒有辦法可管。我就回說須把妳女兒帶來我看看才知道，好，我星期日帶我女兒去找老師。

約定星期日下午兩點到，在當天某少女坐在我面前，我發現某少女的下眼胞反灰黑，臉色蒼白，嘴唇的氣色已脫氣，又眼神目不轉睛，頭低低的不言不語。我就問這位太太，妳女兒這種狀況持續多久了。回說應該有四到五個月了。我再問妳有沒有注意到，妳女兒的下眼胞反灰黑。有呀！可能是失眠嘛，常看她睡到半夜都會起床，把燈打亮在屋內走來走去。那可不是失眠啦，是鬼魂來找她嚇到不敢睡，她的下眼胞反灰黑少女不應該有的，依人體工程學的相理研究是在荒郊野外亂撒尿，尿到鬼魂引起不滿而報復來纏身的。再注意看她的嘴唇反灰白，綜合觀看眼胞反灰黑嘴唇又反灰白，是女人每個月癸水來洗不順期，類似妳女兒應是經期來洗似豬血如瘀血成塊狀，再注意看她的肢體溫度比一般少女還要冰冷，這個到冬天棉被蓋不暖，且衣服還要比別人多穿一至兩件衣服。

這位太太回說，老師你講的我都有注意到。好，這位太太妳注意聽，我問給妳看。某少女妳晚上睡覺到深夜都會有鬼魂來姦淫妳，與妳同歡，有妳說有，沒有妳說沒有。思考了一下回說常常來，嚇得我都不敢睡。這位太太說怪不得學校常打電話來，說她在學校上課常打瞌睡，請家長注意她的生活起居。

好我再問給妳聽。某少女妳今年十六歲有跟幾個男同學，有過性方面交往過，為了要解決妳目前的問題，妳要老實說。某少女雙手攤開屈指一算，就回說，這一年多來應該共有十位男同學有過性交。我聽完實在忍不住的微笑出來。

少女說不過我實在無法控制內心的起伏，都有一股很衝動的由內心發出來。

我聽完全程的細述後，即開始對某少女施法，催符唸咒，請鬼魂出來對話。

過程約二十分鐘，那鬼魂就出現附身在某少女身上，我就對鬼魂約束，第一你鬼魂不得吃名詐姓來欺騙陽間，第二所問的話你要據實回話，第三如果事情清楚後，我請犯家給你鬼魂祭拜一番，你有沒有同意。

鬼魂回說好啦！雖然你答應好，但我們要把雙方的條件講明，祭拜過後你有享過食，也領受過紙錢後，不得將某少女的魂魄，帶走一魂或一魄，也從此放手讓某少女恢復精神，不得夜晚再去姦淫她，你可接受。鬼魂回說接受。既鬼魂你接受我開始向你鬼魂問話。

老師問：你鬼魂是男是女，怎麼死的？為什麼成冤魂相纏陽世人，某少女有得罪你嗎？

鬼魂回說：我是好玩去荒郊野外跌下山崖邊死的，犯者經過在旁側撒尿，相遇而纏上她的，我有不得已的苦衷，我很愛她。

老師問：你鬼魂沒有回說幾歲時死的，你說很愛她根本是胡說八道，人鬼殊途豈可陰陽相愛，若你再亂講，等一下看我怎麼修理你。

鬼魂回說：我十八歲死的，死得很冤枉。鬼魂就附在某少女身上藉體哭泣，邊哭邊說我很冷也很餓，沒有力氣講話。

老師問：你鬼魂為什麼不回去找你家人，請你家人幫你招魂，逢年過節可祭拜你，你才不致在外成遊路亡魂，孤魂野鬼，你可托夢給你父母親請他們幫你做主。

鬼魂回說：有啦！可是他們找不到我，我也找不到路回去啦！你能不能幫我。

老師問：除非你鬼魂能說出你生前的地址，否則無法代勞，換個立場看你願不願意接受，請犯者家屬給你祭拜時，獻化些紙錢及經衣給你受納，再請引魂童子，引魄童郎，帶你去歸位在應公廟仔，你可接受這個安排。

鬼魂回說：也好，你們怎麼安排我就怎麼去。

老師問：既然答應就在隔第三天的中午一點，你鬼魂自己前去犯者某少女家，接受安排，此時鬼魂就自動退去離開某少女的軀體，結束了所有過程。

鬼魂附耳講話導引去墓仔埔睡

家住新北市迴龍的莊姓中年，被鬼魂附耳講話有三年之久，據莊姓犯者及家人的轉述，自撞邪卡陰三年來，耳朵不時的聽到有人在跟他講話，日也吵夜也吵，整個人即變成精神異常又恍惚，所聽到的聲音很吵雜，有部分聽不清楚，有部分能聽得很清楚，陰邪會操弄莊姓犯者在家搞破壞，若不聽指使整個人會像瘋狂似的，又整天在街頭巷尾亂闖撞，常有一天兩天不知道怎麼回家，起初家人還會出去尋找，時間過長家人就放棄了，讓他自生自滅。時間一拖就是三年，據轉述最喜歡去的地方是別人的宮壇，只要有宮壇他都會去參拜，拜什麼沒方向沒目的，時有人看他情景甚憐，會給他食物吃，抑或自己去取神桌上的供品吃。三年下來據說沒什麼餓到，只是精神異常，常受鬼魂操縱迷途在路中，沒有方向沒有目標，在最嚴重時從新北市走到南台灣，走到一雙皮鞋破掉，腳底皮破血流。前後一個多月才由南部警方護送回家，在這一個多月怎麼吃，自己不太清楚，怎麼睡就能清楚記得。

每到黃昏鬼魂就會導引他去墓仔埔睡，抑或有宮壇及廟邊睡，在這三年過程中，就醫精神科，到處求神問卜沒得到有解決的方案，話講到此時，我即回問莊姓犯者及家人，若是吊鬼魂出來問話你們有沒有同意，問說若能吊鬼魂出來問話那是最好的了。

好，既然你們都同意，再過兩天的下午約一點到兩點，我到你家去，請你們留下地址及聯絡電話。第三天去到莊家，全準備就緒即開始吊鬼魂工作，那鬼魂很快就附莊姓犯者身上。

老師問：請問你鬼魂纏了莊姓犯者有多久了，什麼原因讓你鬼魂死纏不放。

鬼魂回：他說世間沒有鬼，又撒尿在我頭上，我是不是很無辜，我跟隨他已有三年多了。

老師問：他亂撒尿可能他也不是故意的，你鬼魂就原諒他嘛，請他家準備一些祭品祭拜你，再向你鬼魂道歉，這樣做好嗎？

鬼魂回：我原諒他，其他陰兵也不原諒他，你們去問陰兵要不要原諒他。

老師問：你鬼魂怎麼知道還有陰兵。

鬼魂回：有一次我與陰兵聯合整他，從台北走到南台灣，怎麼會不知道。

老師問：那他夜晚去墓仔埔睡覺，都是你鬼魂引導他去的嗎？那在宮壇廟邊睡是陰兵引導的嗎？

鬼魂回：我化成一個老人引他去墓仔埔睡，陰兵化成神引他去廟邊睡。

老師問：請問你鬼魂，這個時候陰兵有來嗎？若有等一下我請陰兵來附體說話。

鬼魂回：現在陰兵已等到有點不耐煩了，急搶著要附體了。

老師問：我賜陰兵請坐稍等一下，等我問完再請陰兵接續附體講話。

鬼魂回：我不說了，到此給陰兵接。

老師問：請陰兵附體來對話，請問犯者有得罪你嗎？為什麼你聯合鬼魂整他呢？

陰兵回：他有對神不敬在廟邊撒尿，我是來教訓他的，看他以後還敢不敢亂撒尿。

老師問：莊姓犯者的房間擺設了很多神用器具，是你搞的傑作嗎？是說是，不是說不是。

陰兵回：那當然是我的傑作，你們不可拿掉，若是破壞我的傑作，我會給他鬧到變精神病。

老師問：我看你陰兵與鬼魂都沒有很惡意，我來居中協調，三年多也不短了，你們就放手不要再纏他，我來請他家人辦一副牲禮供拜你陰兵，一些菜飯祭拜鬼魂，再寫一張疏文向你們道歉，你可願意接受。

陰兵回：照你們的意思去做就可以了。

老師問：我商請莊姓犯者家人，再過五天辦一場小法會，到時再焚香請你們來受納，到此你陰兵及鬼魂可先退離他的軀體，所有過程到此結束。

建商風流二奶放火燒死妻子

新北市有位建商非常的富有，在各地建了很多新屋。原居住的及原留下的中古屋，在某街的巷內共有二十幾間，登廣告要賣，筆者當年是買賣中古屋再翻新的商人，總共買十間，其中有一棟一～四樓，一樓～二樓是原建商居住。

在買賣過戶後，即僱請工人進屋整修，整修二樓時六位工人，早上進去下午四位工人沒到下班時間，就生了無名病出來，四位工人的症狀都雷同，頭暈嘔吐，在整修完即開始登廣告出售。

一樓、三樓、四樓，整整賣了六個月無人問津，在賣屋期間做了一個不可思議的夢，夢中說的很詳實，有位小孩跑來跟我講，說老闆你有過來要買餅乾給我吃。我就問那小孩，小朋友你今年幾歲。回說十一歲。看他長相些微胖胖的，當在問時有位婦女走過來，說小孩不懂事不好意思，又說這房子是我們母子在住的，請不要來吵我們。

在我夢中醒來時看錶凌晨三點，就也無法再入睡，也就起床點根菸，泡杯咖啡喝，我左思右想，原來二樓有冤魂在居住。

我隔天就跑去建商的公司，問那位風流的董事長，是位中年四十多歲的有錢人家。在我開口請問董事長，據該棟房屋同樓梯的一位婦人說，該二樓在三年前有火災燒死兩人，一位是婦人一位是小孩，請問董事長有沒有這回事。

董事長也很誠懇的據實說得很清楚：起因是我在外面認識一位頗有姿色的小姐，雙方熟識快四年了，兩人的感情越陷越深，女方一直吵著要名分，但我一直沒有答應，女方的言行舉止動作越來越大，至於金錢方面也供足她，自己建的房子也登記一戶在她名下，她搬進去住的快兩年了。

在有一天我出去交際應酬，有與她同赴餐廳吃飯，餐敘後一同回屋巢相歡到凌晨一點，也認為已晚應該要回家了，女方就放話說你敢現在離開我，我就跟你同歸於盡。

至於她講的話已聽過兩三次了，沒有很在意，結果相隔約一個鐘頭後，女方提了一桶汽油來家按門鈴，我就起床開門，在開門的剎那她就將那桶汽油點著，我太太跟小孩在睡覺來不及逃生，就燒死在屋子房間內。

那我再請問董事長，那小孩跟我講說今年是十一歲，你要不要再回想一下，董事長回說三年前是八歲，今年應該是十一歲多，不過在三年前她們母子燒死，我有花了三十多萬給她們辦一場法會，又骨灰有給她們安置在中和XX寺，講實在話逢年過節我都有前去祭拜，在祭拜時後面好像有人在拉我，可是轉頭看都沒有人，只有感覺怪怪的。

董事長就回說：林先生你講的現象很吻合，我會慎重去注意這件事，你既然夢的這麼詳實，你就照夢中講的買餅乾去拜一下嘛！

我就問董事長這不是由你去拜比較妥當嗎？因我們是外人怎麼叫我去拜你親屬，董事長就回說我出錢你去拜。

雙方約同意，當時買這十間房子，是筆者與一家銀行的襄理共同買來整修後再出售賺錢的，我將所有過程轉述給這位銀行襄理合夥人聽，在他聽完後回說，天下哪有鬼魂，就算有也輪不到我們來拜。

好既然不能接受這個事實，我也摸摸鼻子轉頭就走了，事隔一天我就前去找一家熟識的仲介，就將所有過程講給那位仲介小姐聽，她就回說遇到這種情形，買個水果及餅乾及飲料去現場拜一拜就好了。我聽完也同意那仲介小姐的建議，回說妳買兩份，我出一份的錢，仲介小姐就說照規定要跟公司簽約，我回說不用簽約憑一句話，絕不食言，只要在兩個月內賣的出去，酬金十萬元。那天在接洽完後那位仲介小姐，隨即當天就買水果及餅乾及亡魂紙錢去拜。

很玄的事當晚發生了，在晚上八點多時那位仲介小姐，打來電話來說：剛才在看電視時，我有點愛睏就躺在沙發上稍睡眠，旁邊站了一位婦人，說房子賣得出去也感謝妳，眼睛一張開那婦人就消失不見了。

我就回說妳可能心虛幻想過度，妳講的我有點不太相信，仲介小姐回說是真的啦！我不騙你。我心裡在想冤魂真有這麼靈嗎？

未料當晚自己也在睡夢中，夢到同樣的話，隔天換我回電話給那位仲介小姐，一開口對她說某某小姐對不起，妳講的我也夢到同樣的話，我自己覺得很玄，先前夢到那小孩向我要餅乾吃，後夢到那婦人說感謝，拜完後房子也就在第三天賣掉了。

仲介小姐打來電話說你今天下午兩點來簽約。我回話說不要騙我啦，妳講給我高興的嗎？仲介小姐回說真的啦！賣給一位放射性醫師。

事相隔兩天我再去找合夥人，說夢到的情景及房子賣掉了，轉述給那位銀行襄理聽，他聽完回說這是你們在編故事的，仍然那句話，天下間沒鬼魂啦！

我回那襄理說，十間房子買下來共三千多萬，何必編故事來騙你區區一千五百元的祭拜錢，那襄理回說啊我不相信啦！

事後那銀行襄理衰到不可說，短短的三個月內發生了三件事，第一件是一位酒店女郎，懷著身孕來找他，說孩子是跟他有的，要他負起責任，那襄理回說妳在酒店上班，哪知身孕是我的種，那酒店女郎聽完就很火大，說好你不承認我就找你上司理論，當時那襄理就礙於身分，不敢把事情鬧大，私下與酒店女郎接談三次，給付一百萬元私下了結。

第二件是下班在市區開車，撞到一位老頭子，那老頭子要他賠八萬元，那位襄理想傷沒有嚴重只願賠三萬元，沒被接受事情鬧開後，那老人家的兒子是在警界服務，就出面為老爸討公道，結果賠了十二萬元了事。

第三件是清晨六點多，自己開車要去新竹參與高爾夫友誼賽，經過泰山收費站，自己開車追撞砂石車，撞得肺臟都破裂，住進長庚醫院一個多月，傷癒出院回家休養中。未料自己太太單咳嗽到肺臟發炎，住進長庚加護病房。太太出院後的第三天，那裏理來電話問起敬拜鬼魂的過程。

我就回說你問這個幹嘛，你不是說天下間沒有鬼魂的事嗎？這裏理就回說你就不要消遣我啦！趕快跟我講，明天星期天，我買些水果供品去向鬼魂祭拜一下，這段時間發生那麼多事情，我真的有嚇到了，本來我不知道也不相信，鬼靈有那麼邪門。

我就回說鬼魂與你若是無相關，你可不信也可不理，若是有相關你是跑不掉的，嚴重的話要你命都有可能。這裏理說他太太有去宮廟請教神明，說是得罪鬼魂卡到陰了。

暮晚要男伴深夜鬼魂來姦淫夜夜春宵

在民國九十九年七月六日晚上十點三十分左右，筆者忽接到一通電話，依電話顯示3字頭，研判應是台北市西區的電話，3X6XX6X號碼，這位X小姐開口即說，老師我看到你的網站有很豐富的內容，續表示有事要請問老師。要請老師幫我看我的桃花感情，我一直認為我的桃花很爛，我今年三十四歲，所遇到的異性都沒有一個好男人，每一個都很色只是跟我玩一玩，沒有一個想要跟我結婚，老師我是不是很可憐，而我這年齡又是很需要男人的安慰，可是所交往的男人都是來一個走一個，為什麼遇到的男人，都誇讚我很美，身材也很好頗有姿色，那為什麼每遇到的男人都是跟我玩玩就走了，沒有人願意留下來夜宿到天亮，我恨天下的男人，偏偏我每交往的男朋友都不到一個月。這些死男人我恨死了。

我聽完X小姐的細述過程後，深感怪怪的就開口問起，有話可以直問嗎？X小姐回說可以啊！**老師問**：X小姐聽妳講話怪怪的，且是不很尋常，生理方面好像有問題，有話直說可以嗎？

X小姐回：老師我洗完澡躺在床上，上身沒穿衣服只穿一件小褲褲，我跟你講電話，左手拿話筒右手在按乳房，心裡一直在想男人。

老師問：妳會常有這種習慣嗎？抑或妳身體有病生理有問題，建議妳去看心理醫師。

X小姐回：去看過精神科醫師，都說我有憂鬱症，有吃藥但沒有用，只是每天都會想男人。

老師問：妳今年三十四歲，交過那麼多男友應該會有較知己的男友，在妳身旁陪伴妳才對啊。

X小姐回：我從十八歲開始交男友，到今年算一算可說超過三十位以上，可是其中有一位死掉了，我很懷念他，也常夢到他。

老師問：妳講話有很曖昧的聲音，氣又喘得也很曖昧，妳的生理好像有問題，因聽妳的聲有嗯嗯的曖昧聲，且氣也喘得有點急促。

X小姐回：老師我現在眼睛在看你網路的相片，看起來你好健壯，我有點控制不了，我一邊在跟你講電話，右手一邊在撫摸我的下體，感覺很舒服。

老師問：妳過去有這種案例嗎？我倆不相識怎麼會這樣呢！

X小姐回：我在上班時見到帥哥，抑或看到男人身體很健壯，自己都沒辦法控制自己，有時跟不熟的男人講電話，只要男人講話讓我覺得很健談的時候，自己的情緒就會有很大的起伏。

老師問：妳這樣能正常上班嗎？不會心神不寧嗎？我發現我跟妳不熟，妳都說到這種田地，可不是一個正常的女性人家啊！

X小姐回：這十年來我天天需要有男人安慰，可是這些死男人，好像見到鬼一樣，每次辦完事人就走掉了，我是很希望男人可相眠到天亮。

老師問：妳有沒有估算過，妳跟幾個男人睡過覺，而且我在跟妳講電話，妳的回音有像男女相歡，很興奮又曖昧，嗯，嗯，嗯拉長音，聽起來妳的生理方面不是很正常。

X小姐回：這幾年我跟三十位以上的男人行過房，睡過覺，又常到深夜做噩夢，都夢見有男人來跟我相愛，撫摸我的身體，那種感覺非常的好又舒爽，不過隔天都很累。

老師問：依我的經驗妳是人鬼同歡，類似這種情形妳的陰道是會潰爛的，妳不妨自己檢視一下，看有沒有正常。

X小姐回：老師你剛才講的，確有陰道潰爛也會流湯，不知怎回事，有去婦產科都診治不癒，已有很長一段時間了。

老師問：依經驗談妳這種情形，已染性病應就醫泌尿科才對，又是鬼魂相歡時間太長，時有會醫治不癒，妳要小心啊！而且鬼魂相纏會要妳命的。

X小姐回：不過它每到深夜都自己來跟我相歡，我也抵擋不了，它來時我整個人是半眠半醒，等做完事整個人的感覺是很舒爽。

老師問：妳可要注意啊！與鬼魂相歡日久，它會日以繼夜吸取妳的陽氣，妳的臉色會蒼白，又每個月癸水來洗會減量且不鮮紅，精神會恍惚不振，身體又會慢慢的消瘦，嚴重時會成精神失常，行為舉止會異於常人。

X小姐回：老師我該怎麼辦，聽你這麼講我有點怕，我還沒結婚。

老師問：就算妳想要結婚會有人要嗎？縱使結婚也會離婚啊！因鬼魂會霸佔

妳的所有，若它鬼魂不放手，恐怕妳的命也保不住，妳應該去宮廟或找道家法師，將鬼魂請出來對話，是什麼遭遇與妳相纏的，鬼魂需要什麼條件才肯放手，讓妳恢復正常的性生活。

X小姐回：那老師今天是星期五，星期日我有休息去找老師好嗎？

話講到此結束，事隔近五個多月X小姐又來電，表示因前去美國時間很緊迫，所以沒去找老師，現在回來了，想要去找老師。我就問那妳在這五個多月妳去美國做什麼事。

因我老闆是做貿易的，派差到美國去辦一些生意方面的工作，X小姐這次回來講的更麻辣。在美國認識了十多位老外，他們老外的尺寸比我們黃種族的大，他們玩性的遊戲眉角很多，我實在流連忘返，最讓我不爽的是，都玩過一兩次人就閃避不見了。

X小姐妳這種行為舉止是病，難道妳不知道嗎？陰道潰爛又流湯是極臭無比啊！男人怎麼會沒發現感覺呢？誰敢跟妳接觸太長時間。

X小姐：我回台的第三天就打開老師你的網路，看見你那壯壯的體格就一直忍不住，洗完澡躺在床上，從乳房撫摸到下體，無法忍受就打電話給你，老師你會介意嗎？

老師回：妳的生理狀態出問題，也是妳個人的幻想，癥結在於五個月前已跟妳講過，只要妳深夜鬼魂姦淫不停止，妳這種舉止會不斷的再演。

X小姐：我剛回來身邊都沒有異性朋友可安慰我，實無法忍受也很空虛，老師你能來安慰我嗎？我可以給你錢啦！

老師回：我沒有在賺夜渡資，妳不要有這個念頭，我可幫妳破解陰邪這方面，希望妳挪時間來館一趟，依這案例這種情況，我可請鬼魂出來對話，先知道它冤魂的訴苦與需求，話到此結束就掛電話了。

養小鬼賺取夜渡資害得悽慘度日

在北市有位李姓小姐，二十一歲時即在酒店上班，因身材略微胖些條件尚有不足，見其他同姐妹天天萬把鈔票進包內，甚至遇到大隻猴一個晚上就有好幾萬的夜渡資，交情好手腕好的更是會撒嬌的，大隻猴便會送轎車，送房子的都有，李姓酒女聽見了會眼紅，根據她的轉述有的姐妹條件也不怎樣，怎會客人都那麼大方，自己實在是嫉妒又羨慕，就開始打聽用什麼手腕技巧，才能使大隻猴取得芳心。

在她絞盡腦汁打聽到一位比較談得來的姐妹，透露一些玄機。當李姓酒女打聽到消息後，就前去找了那位道家法師，也就表明她有同事說，同事向法師你買了小鬼回去養賺了很多錢，又賺到車子及房子，全都是客人送的，我實在很動心，今天來想問法師你的小鬼怎麼賣，小鬼怎麼養。那位法師就同意李姓酒女，妳的條件稍有不足，別人只要養一隻小鬼就可以，妳可能要養兩隻小鬼，威力才夠，一隻照原價，另一隻優惠妳半價，雙方價錢談妥，李小姐花了三十五萬元。

據李小姐的轉述，起初半年內，猴子上酒店醉翁之意不在酒，每坐檯時會誇言幾句，酒喝完都會順便帶出場，賺取夜渡資，把客人服務的舒舒服服，客人一爽天亮都會給個三至五萬不等的大把鈔票，半年內賺了五、六百萬。身邊有錢了，心也變了，看上了一位俊漢有婦之夫，相處相眠一段時間，法師交代每個月癸水來洗時，要用經血養小鬼，未料第三個月懷了身孕，停經沒有經血可養小鬼，客人也就慢慢排斥她，第四個月心開始急了，再前去請問那位賣她小鬼的法師，法師就建議她，既未結婚懷孕不好看，也不能上班賺錢，叫她去婦產科墮胎，將胎兒要回來再拿去給法師，催法煉成小鬼回去供養。

結果供養了三隻小鬼一個月後，小鬼開始反噬，起初三隻小鬼每到夜晚即開始吵鬧，讓她無法睡覺，到第二個月更加嚴重，小鬼反噬姦淫女主人，起初偶爾姦淫一次也不很在意，漸漸的每晚讓她夜夜春宵，不到半年精神耗盡無能上班，陰道又潰爛醫治不癒，且面容長了好多的青春痘成花臉，也難能再有機會賺取夜渡資。

更慘的是所賺的錢，被男友拐去投資貿易、做期貨，短短幾個月全部賠光光，受到極大壓力身心疲憊，精神恍惚，眼神泛散，把身邊的朋友都當作是壞人，致使一些朋友不敢接近她。自己又常常鬧要跳樓自盡，幾次都被發現都攔了下來，自己邊說邊哭若當初不貪心，想要養小鬼賺錢也不會落到這種地步，現在什麼都來了，精神異常，婦女病醫治不癒，滿臉長痘痘也不能上班，所有積蓄全賠光了，真的想哭也哭不出來。

李姓酒女的所有細述到此結束，筆者奉勸風塵女郎賺錢憑本事，養小鬼賺錢非正途，縱使養小鬼賺了錢，積了財富，哪一天被小鬼反噬時，總會連本帶利全部要回來。養小鬼來幫妳賺錢，不就像社會上的強盜嗎？小鬼迷惑了客人掏出了大把鈔票，妳獲利他損財，跟社會的金光黨有什麼兩樣，只不過詐術不一樣而已。

外面也有投機的商人，養小鬼來幫主人做生意，幫主人獲取暴利。貪利的人不論是風塵抑或生意人，養小鬼可短暫性的助你一臂之力，即要請法師退掉收回。若你心存貪多無厭，長期的使喚等有一天被反噬時，不但你所賺的無能享用，連命都會賠掉。

小鬼可短暫的利用，因小鬼在陽間等於是無形的，它能代你去迷惑你的對象讓你獲利，也能回來向你邀功論賞，鬼是不會長期給你利用的，況且小鬼只有法師能控制它，一般人沒有法力，在它不聽使喚時或你照顧不周時，它不翻臉比翻書快才怪。小鬼有如社會的流氓沒有兩樣，流氓獲利不均時也會相互殘殺，小鬼替你跑腿沒受到禮遇時，它沒有刀槍可殺你，它會催你的魂魄使喚你去跳樓死。

不論是生意人，風花場所之女塵，要養小鬼前須三思，請教法師的指示，不可一時的迷惑錢財，誤了自己的前途及生命。

鬼魂纏身僵硬十三天全身如木乃伊

有位年輕貌美的美語老師，時齡是三十一歲未婚，家住新北市三重區，當時逢農曆過年，在農曆正月十三日吳父來電，請老師前來我家一趟，電話中大概轉述了一些，我回說同住三重很近我現在過去，去到犯者家中問其父這種情況多久了，其父回說自農曆正月初一到今天已十三天了。那怎麼沒送醫先急救。回說過去也有類似三次，但每次都是兩三天就醒回，不知這次怎麼那麼久。

聽你這麼講這次應是第四次了，看她雙眼閉著，嘴咬住，雙手扳住，兩腳夾的那麼緊，且全身僵硬如木乃伊，那在這十三天等於是沒有飲食過，也沒有上床睡覺。其父回說十三天都坐在沙發上，連動也沒動過，吃是完全沒有吃，有沒有睡就看不出來，因看她都沒有動過，又眼睛十三天日夜都閉著看不出來，請問老師我們沒有錢，也是單親家庭，經濟很艱困，我知道處理鬼魂卡身很貴，你要不要救我女兒。

我聽完有點心酸，我回說救。救，即開始動手，折了七張壽金，點了三炷香，即在吳女身上左右、前後，勅畫催符唸咒，前後約十分鐘，吳女的全身即開始軟化，本來軀身僵硬似木乃伊。老師催符唸咒完即下旨令，請冤魂放手不得逆令，冤魂有苦有悲本師聽你訴冤情，但你冤魂先放手讓吳女全身放輕鬆，讓吳女回神後你冤魂可附在她身上與本師對話，請冤魂聽好，一個指令一個動作，一眼睛慢慢張開，二嘴牙放鬆張開，三雙手放輕鬆伸直，四兩腿放輕鬆腿伸直，此時冤魂確實很配合，全做到了。老師即開始問原因讓冤魂訴冤情，請問鬼魂你能講話嗎？鬼魂搖頭。老師化一杯甘露水給你喝後，再幫你開喉嚨讓你能開口說話好嗎？鬼魂點頭。

等十分鐘後，**老師問**：請問你鬼魂怎麼往生的，為什麼要纏著吳女，使她全身僵硬又不能言語十三天。

冤魂回說：啊我也是不得已的啦！是在海邊遇到她，我是落海死的，我很冷啊！全身癲抖。

老師問：看你的表情以及講話，像是漁民落海死，沒家人幫你招魂，那你現在有衣服穿嗎？

冤魂回說：落海屍體漂浮到海中，家人招不到啊！我也找不到家人。

老師問：看你冤魂抖個不停好像很冷，我請犯者吳女的父親臨時去買些經衣及庫錢，燒化給你受納，你冤魂能說出在哪裡捕魚落海嗎，你家住哪裡？

冤魂回說：是在捕魚遇到颱風天落海的，魂魄渺渺茫茫，我講不出來住哪裡了啦！

老師問：你講不出住哪裡，老師替你做主請吳女家人，買祭品獻紙錢給你受納，請在地土地公帶你去附近找水流屍應公廟，你可願意接受。

冤魂回說：好啦！

老師問：既然同意接受，就擇良時吉日再請你來，受納吳女家人奉獻祭品，依照雙方的約束，不得再相纏，不得帶走吳女的一魂一魄，可讓吳女精神恢復正常，若違背承諾轟你不得超生要想好喔！

冤魂回說：你們做主就好啦！

冤魂就退去離開吳女的身上，吳女也就清醒過來。

工廠佔墓地手被絞碎做貢丸

這家三代以做貢丸為生的李家，祖先留有遺產在台中市，較偏市區，到第二代將土地跟建商合建，分到三十六棟，樓層是一～四樓，據李先生轉述建商在整地時，曾有工人受重傷送醫不治，又在建屋期間有板模工人，從四樓頂跌下來送醫也不治，房屋合建好我們李家分到三十六棟房子，父親再分給李家第三代。兄弟三人各分到十二棟，李先生排行老二，承祖先原做貢丸行業，將分到其中兩棟的一、二樓合併成一家貢丸工廠做為生產線。經營十八年依理是要有賺錢才對，可是生意難做工廠時常出問題，工廠司機送貨撞死人，產品配料出差錯一次就要賠掉上百萬，李老闆年紀尚輕中年人，十八年來賠掉十棟房子，身體一天比一天的差，差到一星期都要洗腎臟。

講到這裡李老闆眼淚滴下來，女兒又精神恍惚，現在右手又被絞肉機絞斷，以後不知道怎麼嫁人，在女兒手絞斷送醫沒時間管理，工廠工人又把那桶絞到手的碎肉醬，拿去混合其他配料，製成貢丸發現後將整座冷凍庫內的貢丸，全丟給養豬戶去養豬，一次就損失快兩百萬元。

我聽完李老闆講完後，續問其女兒李小姐，我看妳精神方面確有像妳爸爸講的，精神恍惚且微有異常，妳今年才二十一歲眼睛下方的眼胞，藏有灰黯的氣色，臉色肌黃，妳有三方面的缺憾讓妳會感到很困擾。

一精神泛散，二每個月癸水來洗非常的瘀濃，三每天睡到深夜會有鬼魂來姦淫，李小姐聽完這三句話就哭了出來。我見之即安慰李小姐不要哭，妳可將最近三年內的困擾憂慮講看看嗎？李小姐即拿個衛生紙擦乾眼淚，沒開口講話人就跪下來，問說老師你是不是會通靈。回說我不會通靈，但我會看氣色，妳站起講話，李小姐就起來坐在椅子上，細述被鬼魂纏到欲哭無淚，都不敢跟爸爸媽媽講。

我回說好，為了解決問題妳勇敢的講出來。確從三年前我不愛讀書，跟隨爸爸做貢丸，有時工作很累利用中午休息時間，睡個一小時的午覺內褲就濕了，常在睡眠時整個頭腦是昏昏沉沉的，就有一個老人來強姦我，我實在全身乏力無法抵抗，也常在晚上睡覺時有兩三個老人來輪姦我，我明明知道但要喊救命，喉嚨都好像要絕氣的樣子，喊不出來。老師我每個月的月經來，肚子都絞痛的很厲害，且似瘀血成塊狀，有吃藥就是沒能恢復正常。

在我聽完李小姐細述過後，即問李老闆再過三天，約好在下午兩點左右，將鬼魂吊出來問話你有沒有同意。能吊出來講話那是最好的，就在第三天一切準備就緒後，開始催符唸咒吊鬼魂，約二十多分鐘那鬼魂來附在李小姐的身上，問說你們找我來做什麼。

老師問：你是住在屋後的孤魂嗎？或是過路的遊路亡魂，為什麼要纏著李小姐，姦淫李小姐，你講來聽聽看。

鬼魂回說：他們一家侵佔我住的地方，無法度啦！他們將我的房子毀掉，我不服，要報復他們，讓他們跟我一樣無家。

老師問：當時他們的房屋是合建的，李老闆也不是故意的，何況李老闆也不知道，又他父輩的也已死了，你鬼魂可以用協商方式，讓你鬼魂及他們李家雙方都安寧的有地方住，你同意嗎？

鬼魂回說：怎麼協商，他們應該還給我的房子才對啊！他能還給我嗎？你能做主嗎？

老師問：當初蓋房子時，土地已剷平了而且房屋也蓋好幾年了，要恢復確有困難，用較兩全其美的方法，李家頂樓的四樓沒有在居住，請他騰空弄個你先靈的牌位，逢年過節請他們祭拜你先靈，你可同意。

鬼魂回說：有是最好啦！萬一他做不到不是等於在安撫騙我嗎？我已經在這裡艱苦好幾年了，他們都不聞不問，我怎麼相信。

老師問：李家原則上同意騰空四樓，且安置一個牌位可讓你先靈居住，但你可要放手將犯者的魂魄歸還李小姐，不得再姦淫她，讓她精神恢復正常，也不得再報復李家的任何人。

鬼魂回說：一個牌位不夠啦！他們蓋房子侵佔了我們三戶好兄弟，你們口口聲聲都說我，我的好兄弟也有參加，為什麼不去怪他呢？

老師問：確實不知有侵犯到你三位先靈，若是三個牌位逢年過節祭拜一份大家共享可以嗎？但話要講明約束好，第一用先人無名氏立牌位，第二不得吃姓詐姓再帶來其他亡魂，第三有給寧靜空間後如再續纏李家，會將牌位毀掉讓你成為遊路亡魂，話講完當天的過程也就結束了。

鬼佔床睡客廳沙發比房間安穩

鬼魂夜夜來鬧不給黃女睡，黃女家住新北市中和區，時齡二十六歲，在某大銀行上班，被鬼魂纏身精神狀況一天比一天差，本來她是銀行櫃檯服務員，因金錢出入屢出差錯，讓上司不敢給她續做櫃檯工作，她是考試資格錄取的在職行員，不能辭退她，只好分派她在銀行內部打掃工作。黃女精神異常也就醫，無能治癒，父母雖著急但家庭經濟並不寬裕，也就半上班半休息，銀行上司很體諒她，打掃工作做完就讓她提早回家休息，可是她每回家一進到房間想躺床休息，耳邊就有鬼魂附耳跟她講話吵個不停，說床是它們好兄弟的，嚇到黃女不敢睡床上，長期睡客廳沙發。

父母又說客廳有奉拜神明及祖先，睡客廳對神明及祖先不敬，害得黃女無所適從，黃女父母也到處求神，只要有人介紹哪裡的神很靈，父母就去請教神明，經神明的指示是黃女卡到陰，可是每祭改都不靈，無能驅除那些鬼魂。

據黃女表示本來房間只有兩三個鬼魂，但後來越聚越多好像鬼會招鬼伴，黃女精神越來越不好，夏天也能穿夾克，問說現在夏天穿夾克會不會太熱，黃女回說不穿會冷。我問黃女父母，你們請教神有沒有說在哪裡卡到的。回說沒有。我跟她父母建議，再過兩天你們去買些祭拜鬼魂供品，我來吊那些鬼魂出來對話，問看在哪裡卡到的。其父母也同意這個建議。在第二天到時就依序進行開始催符唸咒，請鬼魂附在黃女身上講話。

老師問：你已顯靈附身，請問你鬼魂怎麼往生的，可以講出來給我們大家聽嗎？

鬼魂回說：我是車禍整車的人，全翻覆到溪水裡，有很多人死亡，是跟隨黃女回家的。

老師問：那你家人沒跟你招魂嗎？為什麼在外做遊路亡魂呢？

鬼魂回說：就算有招魂也招不到，我屍體被溪水沖走，漂流到海裡了，魂在外漂流，看她很善良應該會幫我。

老師問：你鬼魂說鬼話，你要她幫忙要用托夢的才對嘛，怎麼纏她害她又說床是你好兄弟的，你這樣是亂搞嘛，你講應該怎麼答應你才願放手離開黃女。

鬼魂回說：這不完全是我的意思，是好幾位好兄弟啦！

老師問：總共有幾位好兄弟，你既然附身了要講清楚，否則你回不了陰間，若是吃名詐姓我會轟你到魂飛魄散，看你信不信。

鬼魂回說：不要那麼兇嘛，總共有五位跟我在一起啦！

老師問：你既帶頭做歹，你負責轉告其他四魂，說我開出條件，請黃女家人準備一些祭品，擇日祭拜你們五位冤魂一番，不得再相纏，且本師要將黃女的房間貼符封門，不得再進入。

鬼魂回說：好啦！越快越好不要拖太久就好。

老師問：半個月內，到時我再焚香請你們來，沒請不得來要聽清楚，在這半個月內，不得帶走黃女的魂魄，記住。

此時鬼魂退掉，黃女也清醒過來，過程到此結束。

每到黃昏鬼魂就來催命快跳樓

在新北市蘆洲區有位亮麗的小姐，被三位同事小姐押著前來找筆者，三位小姐急急忙忙的說老師快救她，她跳樓不成後自己拿美工刀割腕自殺。事情發生在下午五點多，她要跳樓前打電給同事，我們三個趕過去來得及將她拉下來，拉到客廳沙發上休息，一會兒她說要上廁所，進廁所約半個小時沒出來，發覺有異急叫門都沒有應聲，將門撞壞就發現她倒在地上，地面有很多血，她鬧自殺已有一個多月了，很多同事都知道這件事。

把她衣服袖子掀開，自己割腕三刀，皮開肉綻，人也是昏迷狀態，講到這裡我就建議三位同事，先送醫縫合傷口，再來說過程，否則說什麼都沒用。三位同事就扶她去醫院縫了三十多針，回來已是晚上九點了，她人也有清醒過來。我就問小姐妳貴姓，回說姓楊。

好，我問妳，楊小姐妳為什麼要跳樓及割腕自殺，依妳擦脂抹粉穿著亮麗，看起來應是在公共場所上班，妳能將過程描述一遍給我聽嗎？

楊小姐即滔滔不絕的講了，在茶藝館上班，她們三位是我要好的同事，我的情況她們都知道，在一個半月前上班時，每一次鬼魂來附身時，都有跟她們表示我要去跳樓死，她們都認為我故意在嚇她。

在這四十多天裡，我曾經要跳樓有十次以上，每次鬼魂一上身，我都會失去精神意志力，都是恍恍惚惚的走來走去，耳朵都有人叫我趕快去跳樓，很奇怪的是幾乎都在下午四點至五點那個時間，又據她同事姐妹淘表示，她有存款約五十萬，被她男朋友偷領去賭博輸光後，又離開她可能受到刺激引起，現在精神恍惚偶爾就想要跳樓自殺，老師你看跟金錢有沒有關係。

我就回說金錢與鬼魂，兩者哪一者關係大，我們約好再過兩天的下午四點到五點，同樣是鬼魂催命的時間，來幫楊小姐吊那鬼魂出來對話，妳們三位也一起來。

隔二天下午四位小姐一同前來，我準備就緒後開始催符唸咒，那鬼魂很快就來附身在楊小姐身上，即開始問鬼魂話了。

老師問：妳鬼魂什麼原因及理由，每到黃昏即催促楊小姐跳樓，有什麼情仇恩怨嗎？

鬼魂回說：她在跟我搶男朋友，我要她死，我恨不得她趕快跳樓死。

老師問：妳是陰，她是陽，怎麼說她搶妳的男友，能不能講清楚一點，楊小姐萬一真跳樓死，妳鬼魂不是罪惡嗎？

鬼魂回說：除非她把男朋友還給我，我就放了她，我就不再催她跳樓。

老師問：聽說她男朋友已經不知去向了，妳若再報復她已是沒意義，能請妳鬼魂放開心仇嗎？雙方和解嗎？

鬼魂回說：可以，但有個條件，她需要祭拜我。

老師問：妳是怎麼死的，沒有家人祭拜妳嗎？

鬼魂回說：沒有，我是為了感情想不開而跳樓死的，骨肉粉碎，現在做遊路亡魂，孤苦無依無處可去。

老師問：依道理楊小姐非妳親人，沒有理由長期拜妳，妳應該打開心結，由楊女祭拜一番，妳應足以滿意，離開楊女可讓她恢復精神正常。

鬼魂回說：也好，你們去安排。

此時鬼魂退掉離去，楊女清醒過來，過程楊女的三位同事表示，聽了這些話真是起雞皮疙瘩，直說好恐怖，原來鬼也會爭風吃醋，聽起來跟人的本性很接近，老師你不怕喔！

回說鬼是沒什麼好怕的，但人一旦被鬼纏身，整個人會失去理智，精神恍惚有如神經病一樣，妳們看楊小姐發作時，妳們三個人抓得住嗎？那種力氣大如一隻牛。聽完後就直催促楊小姐，趕快處理，要不然哪一天再發作，真的跳樓死了就少了一個朋友。

鬼魂相纏街頭闖蕩半年身瘦如殭屍

新北市板橋有位中年人，在炎夏的陽光下闖蕩街頭半年之久，打著赤腳在柏油路上走，走到腳底皮厚厚的一層死皮，整個人身瘦如殭屍，六個月之間挨風雨，挨飢餓，如此可見。起初精神異常在街上走，父親罵說懶惰不做事，才會在街上亂闖，整天不做事也不照顧妻與子，黃姓犯者的父親自己有開一家宮壇，自己也在跳乩，無能將自己兒子醫治不打緊，罵了不人道的話，才讓人聽得心寒。

依道理開宮壇是在幫信眾，解決信眾的疑難雜症才對，不但沒能為兒子解決問題，還推拖責任罵兒子的不是，過程聽其妻與母親的細述，黃姓犯者三餐不繼，瘦到皮包骨，外褲都用手去拉著，一出去就不知道回家，就算找到人也說不敢回家。

此時我問其母妳們自己有宮壇，都沒請教妳家的神明嗎？回說有啊神明指示卡到陰，也幫他祭改了幾次後，均沒改善精神狀況，有時也很丟臉的去別家宮壇求神，也是說卡到陰，我就說卡到陰範圍很廣，再過兩天妳將兒子帶來，吊那鬼魂出來講話，看卡到什麼陰，鬼魂出來會附在妳兒子身上講話。

等第二天來時，我就準備吊鬼魂程序就緒，約十多分鐘鬼魂附在黃姓犯者身上。

老師問：你鬼魂與黃姓犯者有什麼關係或恩怨，講來聽看看。

鬼魂回說：我是同一家人，住在他家很久了。

老師問：什麼是同一家人，你講清楚，且你卡他身有多久了，不得吃名詐姓來騙陽人，如果敢騙，你看我怎麼修理你。

鬼魂回說：他家有很多的陰兵及遊路亡魂好兄弟，是神明同意容納居住在宮壇裡。

老師問：除非那宮壇的神明是不正神，否則豈會容納陰間鬼魂，你還是在騙，若不實話實說，不要怪我動手，再講清楚一點。

鬼魂回說：你去問神明，我要走了。話講完鬼魂退離黃姓犯者，同時人也清醒了，到此鬼魂很憤怒的離開，過程到此結束。

鬼魂吃名詐姓來附身舌吐三寸長

鬼魂吃名詐姓說是大將軍，新北市泰山有位李姓五十歲，時常精神異常且偶爾會發作，如乩童在跳乩，動作極似神明跳乩且動作極大，三五個人也抓不住他，每次發作時即口舌吐三寸長，舌的顏色均會反黑色，不能講話只能呼，呼拉長聲，經筆者幫他開喉後，即能開口說話。直說我是大將軍，經多次連環問才說，我是鬼王大將軍。請講清楚一點，鬼就是鬼，兵將就是兵將，若敢冒名你可要知道後果，是鬼魂或兵將，只能說一個名是哪一個，給你三分鐘想清楚，敢吃名詐姓來陽間騙人嚇人，只有五雷伺候你，講。

我是有修練的鬼王。那請問你既有修練怎麼舌頭吐那麼長，又反黑，你既常附李姓的軀體必有你的用意。鬼魂回說李姓有長期靜坐禪修，是我的同好。我就罵說亂講你是在胡說八道一通，鬼魂若有修練成王，怎會胡鬧人間，而且陽歸陽，陰歸陰，人鬼殊途各不兩立，豈是你講的禪修同好。若今天不講清楚，會將你吐出的三寸舌頭割掉，看你怎麼騙也看你怎麼鬧，讓你永遠不能說話，也將你腳剁掉看你怎麼跳，我拿一張椅子給你坐，你冷靜想一想，他家人被你嚇到生病的生病，住院的住院，你還要鬧下去嗎？若你敢再鬧，我就稟報城隍驅押你去酆都受苦刑，你還是據實的說你是什麼身分，能鬧到李家雞犬不寧，講。

鬼魂回說，是李家跟人有仇，我也是不得已的，我的屍骨被人取去作法，被符令封住有陰兵邪將在操縱，我離不開，你能救我嗎？

好我問你，你說屍骨被封住，是不是被不法邪師，取回你的屍骨去祭拜，後再派陰兵邪將操弄你，來陽間找人報復鬧陽間。此時鬼魂哭了出來，老師即安慰鬼魂不要哭，請李家擇個吉日祭拜你，我再請開魂仙師開你的魂，請開鎖祖師勅開封條，還給你自由不再胡鬧人間，你可願意接受。

鬼魂即說好好。

既好我跟你約定，再過七天你鬼魂來李家，享納祭品受納紙錢，同時將陰兵邪將轟走，還你魂魄讓你自由，到時務必要到，不得有誤。

宮壇桌頭鬼魂也不放過天天騷擾

道家宮壇桌頭是翻譯神明講話，神明起駕扶乩服務信眾，聽不懂神明旨意時，由桌頭翻譯說明給信眾了解。據桌頭轉述宮壇是由北市分壇到新北市，自己當桌頭有十多年的經驗，平常宮壇都有幫信眾祭改，自己會替宮壇書寫祭改疏文，輔助乩童的忙務事，平時也不做壞事，怎麼那鬼魂會附在耳朵講話騷擾我三年。此時我即回問桌頭，那你們長期在辦事乩童都有跳乩，怎麼沒請教你宮壇的神明。桌頭回說有哇，神明替我驅趕了好幾次，但都驅趕不掉，實在很困擾，每天都好像在聽收音機，吵的要死，現在這個階段已到煩不勝煩，若用刀能殺到鬼魂我就一刀把它砍死，讓它永不超生，現在口很乾，老師你這裡有沒有開水可喝。

此時我急忙泡一杯咖啡給桌頭，看他一口喝下，讓我真的嚇到，即問咖啡是熱的你沒燙到喉嚨嗎？回說沒有啊！我天天口裡都是乾渴的，每天要喝很多水止渴。話講到這裡時，桌頭坐在我面前右手平放在桌上，被鬼魂將右手壓在桌上，不能動，耳裡聽到那鬼魂在罵桌頭，說你現在找人要對付我是不是。

此時我要扳動桌頭的右手真的扳不動，鬼魂在耳裡一直催著桌頭趕快走，他會傷我們趕快走。這時我就有一點火大，就問那鬼魂限你一分鐘，將桌頭的手放開，一分鐘以後再不放，看我怎麼修理你。桌頭說現在壓的越緊。我隨即掌五雷指，貼在桌頭右手背，此時即慢慢放開，手放開後催著桌頭趕快走，他很兇。桌頭起身就走到門口，我跨了三大步往前，喊了一句停，就右手掌劍指在地面畫上一條橫線，向鬼魂說若敢跨過橫線你將會魂飛魄散，要不要試試看。

此時鬼魂不敢動，我就將鬼魂再請回坐好，罵它話還沒講清楚，你走不能解決問題，你敢纏人騷擾就要敢受，此時你鬼魂沒有走的權利，你坐好，我願跟你好好談為什麼纏著桌頭不放。

鬼魂隨即瞪大眼睛，問說我纏他跟你有什麼關係。老師回說有關係，因桌頭今天來找我是要解決問題，我願從中協調，現在開始問你。

老師問：你鬼魂纏桌頭有多久了，據桌頭表示做祭改工作，不是在幫你們陰間與陽間的糾葛嗎？這也是一件好事啊！

鬼魂回說：我跟他有三年多了，可是他都偏坦那些較兇的好兄弟，每次祭拜我都分享不到供品。

老師問：你剛才將他的右手壓在桌上有什麼用意，又照你這麼說每次都分不到祭品，你不會去搶食喔！

鬼魂回說：我是在懲罰他，祭拜時有兵將顧著怎麼搶，每次祭改旁邊都圍繞著很多好兄弟，要來乞食桌頭都不關心我們這些好兄弟。

老師問：你鬼魂的不滿已知道了，只要你肯放手不再附耳講話騷擾桌頭，我請他去辦一些祭品，擇日祭拜你們這些好兄弟，你願接受嗎？

鬼魂回說：給你做主，有祭拜就好，聽你的意思，我不再去找他麻煩。

老師問：既然鬼魂同意，就照約定到時焚香請，你就招你的好兄弟一起來享納祭品及紙錢，到此鬼魂退離了。

靈界扶乩牽亡魂乩童退四步撞壁退乩

在新北市的一個鄉鎮，該鄉不大有位道家開館，專為人服務牽亡魂為業，館內有安座多尊的神明，每星期有三天在為客人服務，須掛號費一千元，若沒將亡魂牽出來與家屬對話，一千元退還給客人，看起來也是很公道，外傳該館牽亡魂很準。筆者的姊姊邀我一同前去，掛第四位客人，當天在館內的客人也不少，約有近三十人之多，從第一位客人至第三位客人，都進行的很順。又所有的客人都圍在旁側觀聽，看每位家屬在與亡魂對話，聽起來都很逼真且哭哭啼啼的在進行。再看乩童與亡魂的家屬對話，換一個角度來聽，感覺上沒像客人哭得那麼逼真，我在猜測可能客人有點傷心過度，才會哭得那麼的逼真。據外傳去那個館牽亡魂，沒有哭的不像有去牽亡過，輪到第四位由我姊姊坐下，講不到幾句話姊姊也哭得很慘，約十幾分鐘後，我請姊姊起來換我坐下，一點機會都沒給我，乩童隨即站起來退了三步，就退乩了。

我問翻譯的桌頭，過去有這樣過嗎？回說沒有。既沒有你再去點香請神再來扶駕。翻譯的桌頭香點燃後就口中唸唸有詞，不一會兒又來扶駕乩童又坐下，我也隨即坐下，同樣的情形又發生了。乩童這次我看退了四步撞到牆壁又退駕了。此時翻譯的桌頭說，這其中有人在搞鬼。我就回說你這麼講太武斷了，這裡有近三十人眾目睽睽，你應該是說我嘛，只是不好意思說明是我而已，依你看我坐在你面前，有沒有搞鬼應該很清楚嘛。此時我繼續追問下去，你們壇館牽亡魂是用神牽，抑或用陰牽。

桌頭不回應看起來也有點火大，桌頭即請客人有掛號付錢的來退錢，錢退完人也散場。我就留在現場沒走，事後請桌頭抽根菸邊談。你們壇館應是用陰的來牽亡魂，若是的話我有點不好意思，因為我平常專在替人驅趕陰邪，那有可能陰神被我嚇走的，你說有人搞鬼其實沒有啦！我也不知道你們用陰神牽亡魂，事到此結束就離開了。

鬼魂惡整十指不能伸也不能握

有位江姓婦人卡到陰邪長達八年之久，家住蘇澳業兼賣檳榔，每天包檳榔的工作量很大，雙手十指僵硬不能伸直也握不起來。起初以為是工作職業病，尚還能工作時就已就醫，八年之間跑遍各大醫院，看遍骨科醫師，無能起色，醫生也診斷不出什麼症，只能說骨頭僵硬症。

據江婦表示，八年可說是裝滿肚子的藥，也只能控制疼痛，不能根除。時間拖久，十指越僵硬越疼痛。江婦嫁到夫家，全家是基督教徒不信有鬼神。我向江婦回說鬼魂纏身是不分信仰，依我個人的經驗講給妳做參考，妳五臟六腑沒病，但妳面宮氣色已脫氣，又眼神昏沉，已被陰邪卡到上身。

老師我曾經向婆婆提起，去宮廟求神被婆婆罵得好慘，說基督教沒有鬼魂之說，也就放棄了問神的事，一拖就是八年，今天來找老師看有沒有解決方法。

老師回說方法只有一招，吃符令，其他無解，另外依妳的眼睛上方，稱上眼胞，謂稱田宅宮，昏黯應是家中燈光不足，視線不良引鬼入侵共同居住，妳可將屋內加強燈光。

江婦回說屋內的燈都被先生拆掉了，再裝可能也會再被拆掉，吃符令也有可能被婆婆罵。話講到這個時候，江婦娘家的父親火大了，說妳今天既來了死馬要當活馬醫，沒有妳辯解的餘地。

話講完，我問江婦有沒有時間，我動手後妳在這裡坐三個小時，讓我看反應怎樣才回去。江婦同意，我即開始催符唸咒、勅身、吃符，約一個小時候後江婦十指有了反應，稍微有一點軟化了，另帶了三張符令回去續化陰陽水喝。第五天江婦和丈夫又來，就說雙手十指已能伸直，也能握起，要問老師進一步怎麼處理。

老師回說同樣吃符令，擇個吉日向鬼魂祭拜後，驅趕鬼魂離開。雙方已約好日期再五天，結果在第四天江婦來電話說，先生不肯再花錢了，說雙手可以伸握自如為什麼要再花錢，而且基督教也不能燒香祭拜，江婦邊說邊對不起。

聽完後我簡單的回應江婦，要小心喔！一般鬼魂不可能那麼輕易放過妳的及家人。所有過程到此了結，沒有續談。

事經過五個多月，江婦又從蘇澳專程來一趟，哭哭啼啼的訴說先生的事，要裝燈也不給裝，請了水電工來裝燈，水電工走了他跟在後面又拆了。其先生每天下午約四點到五點，都會跪在客廳雙手合十，邊膜拜邊磕頭，磕到額頭都流血，時間長達已有兩個多月了，精神也失常像神經病一樣，現在住進神經科醫院。

聽完江婦的陳述後，向江婦回說妳可另請高明，江婦一聽到即跪地哭求拜託。我回說沒用了，妳還是回去啦！慢慢看鬼魂會怎樣整妳老公，不是基督教鬼魂就會放過，妳回去求妳婆婆及先生，允許妳請教神或道家法師。妳也不要認為十指會恢復正常，沒錯的話，現在十指應該慢慢又僵硬起來，妳可要小心啦！請妳回去，算是妳我無緣。

孝女送父下葬臉反黑變成植物人

有位韓籍小姐嫁到台灣已有二十多年，韓國娘家父親亡故回去送葬，又回到台灣的台北家，經過沒幾天整個人臉反黑不能言語，且整個人癱軟不能行動。其夫婿見狀急送附近醫院急救，經醫院開刀腦部後，即變成植物人四肢不能動彈。出院後其夫到處求神，也請道家為其做法會，均得不到改善。

請教了多家宮壇神明指示，婦人是卡到陰煞。該婦人的狀況看起來有點玄，前後有一年時間，雙眼未曾闔眼過，白睛上吊且目不轉睛。

其丈夫講到此時，眼淚掉下來的說，老師我是經朋友介紹前來找你的，聽說你會吊鬼魂出來談條件，我抱著一個希望請求老師救我太太。

話到此我即回說你留下地址，再過兩天到你家去看你太太目前的狀況，才能回答你的問題，你暫且先回去。在第三天去時看到該婦人滿臉反黑。

依我個人經驗是沖犯到陰煞沒有錯，情況有幾種可能，一是喪事煞，二是空棺煞，三是下葬時生肖沖煞。

這三種的其中一種，但很可惜的是該婦人不能言語，就算能吊鬼魂出來問話，也不能表明。

這只有醫生看能不能救回來，就看該婦人的造化了，過程是不是開刀傷到腦不清楚，而且你說醫生也放棄了醫治，也只有聽天由命了。

宮壇主持劍指殺鬼被反噬命亡

北市有家宮壇香火興盛，每天一到晚上都會聚集兩三百人，有如每天都有進香團來進香一樣，天天聚人天天熱鬧滾滾。宮壇住持辦事不收酬金，又在天氣炎熱都有義工煮冰綠豆湯，給信眾解渴。冬天煮薑湯給信眾祛寒，看起來真是一家救苦救難的宮壇。此事傳開後每天都有各症患者，前來求助，筆者好奇天天去到宮壇參香拜一下，順便看熱鬧觀看住持辦事。連續約有近四個月天天去，該宮壇住持做法實讓人佩服，積善做功德救人不收酬金的風格，做法上的道德人格值得肯定，但處理鬼魂方面有違反道家的常理。

起初看他為被鬼魂纏身的犯者，均採用桃枝在甩，本人好奇暗中打聽犯者，效果怎麼樣，問了兩三人都回說效果很好。可是這位住持進一步改用劍指，在有一次一位犯者坐在住持面前，約距離兩公尺遠，圍有約上百人在圍觀，住持無預警的站起，雙手一攤沒等圍觀的人散開，即右手掌劍指隨即開指，一位婦人被傷到即當場昏倒在地，住持也沒理她，只請圍觀的信眾扶她，去宮壇拿中杯茶給她喝就好了。

筆者好奇跟隨在後，看她中杯茶喝了人也清醒過來，續後觀看了好長一段時間，只要被鬼魂纏身，宮主均以劍指驅趕鬼魂，手法相同沒什麼改變，過程有看到三位信眾比較玄奇。第一位是一個小女孩十二歲，據其母陳述是騎腳踏車，跌倒就變成這樣，醫師也無能救治。其母抱在手上，全身四肢軟趴趴的，眼睛又上吊不曾闔過眼，宮主叫她放在一塑膠板凳上，左右沒有扶手，父母擔心跌倒左右的扶著，宮主說你們走開，我叫她坐好她就會坐好。真的坐著好好沒有傾斜也沒跌倒，叫她眼睛闔下來，真的眼睛闔眼了，看起來有夠玄，講話如聖旨，不一會兒宮主劍指開出去，又傷到一位無辜的信眾。

第二位是個婦人不時吹狗螺，如狗似的狂吠聲，宮主隨即以劍指劍殺，那婦人就倒在地上痛若的呻吟。第三位是個婦人四肢著地走路，宮主問話，婦人不言不語用眼睛瞪著宮主，只聽宮主喊說妳站起來，那婦人就站起來，宮主隨即將劍指開出去，婦人就昏倒在地。

這三位犯者我只看過各一次，沒見過有再來，是好是壞不知道。我個人一直想，宮主怎麼這麼厲害，講話如聖旨，話怎麼講，鬼魂怎麼聽，劍指怎麼開，鬼魂就傷倒在地。當時筆者不懂鬼魂習性，就去找了一位道家法師請教請教，根據行家指出，鬼魂可協商、可罵、可警告，不可劍殺鬼魂，鬼魂是會號召和陰間好兄弟，回來反噬要你命的。再者是只要有信眾請宮主到家，看自家安座神明有沒有神威，宮主都一口回說沒有神，都將神請回去燒掉，若你有不捨，宮主會再雕一尊神給你奉拜，這個動作實讓人想不通。前後一年半左右，筆者就聽一位在宮壇做義工的叫阿財，說宮主在有一天下午，宮主向其太太抱著說我要去了，整個人倒在地上，即時送醫救不回來。據那位義工阿財說，自宮主亡故後宮壇就沒什麼信眾了。

墓仔埔研究風水被鬼反噬用扛的下山

有位地理師帶幾位徒弟，上山找墓穴研究地理風水，早上去下午回，未料用走的上去，用扛的下山。當時是農曆鬼月七月，地理師帶的幾位男徒弟沒事，單單那女徒弟發生問題，下山後急送醫院吊點滴。那地理師前來找筆者，開口問說去山上被煞到要吃什麼符，我回說你要把過程詳細說清楚，才能回你的答案。該地理師不好意思講且隱瞞過程，只說能不能給幾張沖煞符，我就開了六張煞符給他。他也回敬包了一包酬金，我拒收，且回說墓仔埔沖煞有分輕重，煞符輕的煞符可解，重的要祭送才能解。

地理師聽完轉頭就走了，第四天自己將女徒弟帶來找老師，來時不能走路是女徒弟的老公用揹的，一坐下即哭個不停，她老公見狀一直拍她的肩膀安慰她不要哭。

老師回說你不用哄她不哭啦！哭的聲音是你太太的聲音嗎？你注意聽，那是男人的聲音啊！你就讓他哭嘛，等一下我再來問她。續後問那鬼魂什麼原因纏上她，問了五次都沒有回應，只好安慰鬼魂，你農曆七月十七日纏她，今天七月二十日又是農曆鬼月，等農曆八月二日再請郭女，買些祭品祭拜你，那請鬼魂你先退離郭女，你可願意接受，我暫時化一些紙錢給你做路費，鬼魂也退了，郭女也清醒過來了。

郭女回家後，那地理師的太太是某禪寺的信眾，就介紹郭女每天下午到台北中山北路那禪寺分舍去唸經，未料嚴重的早上送醫打點滴，下午去唸佛經，在農曆七月二十七日晚上，其夫婿用揹的走了約兩公里，到筆者教室來。

犯者郭女自七月十七日到七月二十七日，完全沒進食，全身軟趴趴，又是夏天，整個頭髮如炒米粉，進到教室又是哭個不停，其夫不捨的安慰不要哭。此時我隨即動手，點燃三炷清香在郭女額頭，勅驅趕鬼魂，鬼魂暫時性的離開，郭女暈了過去昏睡約一個小時。整個臉反青色這是我長久以來，只見過的一次臉變青色，其夫趁郭女暈睡時，跟本人談怎麼祭改，酬金多寡，雙方都談妥後，約定以最快的速度處理。很不得已的訂在農曆鬼月七月二十八日下午一點處理，在這個過程最惡極、喪盡天良的那位地理師，帶徒弟上山卡到陰，沒能替徒弟處理，還在酬金中抽三成佣金，這是我出道以來，看到最不要臉的地理師，這種心態真是讓人不寒而慄。

美髮師被小鬼相纏整到團團轉

女美髮師二十七歲時，被小鬼相纏四年到三十一歲仍不罷休，原本在桃園做美髮的江姓小姐，因好玩跟同事下班後，相約出去夜遊，隔天即感覺身體不太對勁。

起初沒有太在意，自己想可能過一陣子應該就會沒事，可是情況越來越不舒服，每天暈暈沉沉的經就醫檢查不出病因。事過三個多月後，耳朵即有小孩的聲音，附在耳朵講話講個不停，聽到心情很悶躁時，就拿棉花塞在耳裡，看能不能減少吵雜的聲音，結果是一點作用都沒有。

甚而在每晚在洗澡時，拿起蓮蓬頭將水灌進耳裡，稍微會暫時性停止，只要耳內水乾掉聲音又來了。一天二十四小時，只有睡覺不知道也聽不到，一起床耳的雜音又來，好像掛耳機在聽收音機一樣，吵到心頭很悶，精神方面又天天昏昏沉沉，明明是睡飽了。客人都說妳做事擺個臭臉，其實是想笑也笑不出來。

慢慢幾個月下來，那小鬼魂轉換藏到肚子裡面，每天吵著要出去玩，有時吵著要吃餅乾有時要吃麵，會指揮東指揮西的。

江姓小姐說就很奇怪只要它講什麼我都會照做，一段時間後同事都罵我神經病，我自己也感覺我是神經病。在桃園也找過道師處理，幾次後都沒效果，造成精神恍惚也沒能上班工作，就在家休養了快三年。那小鬼常跟我說要讓我開店賺很多錢，常吵著要出去玩，很不得已就去公園走一走，去到公園看到小孩子在溜滑梯，也吵著要溜滑梯，等溜完自己覺得很丟臉，還被一位阿婆罵說，看你大人常在溜滑梯又不是小孩。

我聽完江小姐描述過程後，老師就回問它小鬼現在有沒有跟隨在妳身上，回說有呀！那妳可跟它對話嗎？它剛剛還一直喊著要回家。妳跟它講說伯伯要給它餅乾吃，要向它問話。江小姐即低頭向小鬼問，聽完即回說好，我就拿了兩片旺旺餅乾給江小姐吃，邊吃邊問。

伯伯問：小鬼你今年幾歲了，你在哪裡遇上這位阿姨的。

小鬼回說：今年十二歲了，有一天晚上遇到阿姨，就跟隨她回家，我要阿姨養我，帶我出去玩。

伯伯問：你在阿姨的腹肚內作怪，要東西吃又叫阿姨帶你出去玩，你有沒有要求太多，你真是太亂來。

小鬼回說：對，阿姨會拿餅乾給我吃，也會帶我去玩溜滑梯很好玩。

伯伯問：你小鬼說要給阿姨賺很多錢，怎麼賺有什麼方法給阿姨賺錢，阿姨現在精神不穩定，無法工作怎麼賺錢，你小鬼不得再操弄阿姨。

小鬼回說：騙阿姨的啦！沒有騙她就不帶我去玩，騙阿姨說肚子餓就會買東西給我吃啊！

伯伯問：自今以後你若敢再騙，我就將你封喉綁魂看你怎麼騙，你小鬼太可惡了，有本事你再操弄阿姨。

小鬼回應：伯伯很兇我會怕，不跟你講了，阿姨咱來走，趕快走。

伯伯問：你小鬼敢走我就轟到你魂飛魄散，看你怎麼走，你把話講清楚，要不要離開阿姨的肚子。

小鬼回說：我藏在肚子裡也很不舒服，我想要出來投胎轉世，伯伯你幫我。

伯伯問：你進得去出不來喔！你小鬼既然要投胎，原則上是很好，但你須再等個約十天左右，再擇個吉日，我再將你的魂魄請出來，你同意嗎？

小鬼回說：我同意，但要買糖果及餅乾給我吃。

伯伯問：請阿姨買一些供品，糖果、餅乾、紙錢祭拜你，法事做完你要照約束離開阿姨的肚子，不得再回來相纏阿姨，若你敢違背約束，我會轟你下地獄不得再超生，你可要記得。

交通事故亡魂回到陽間找情人

有一對相親相愛的情侶，家住新竹兩人相識兩年多，時齡二十五歲時兩人相約去夜遊，未料男友騎機車視線不良，撞上安全島兩人均傷重，男友亡故，女子傷癒後，整個人變了樣精神異常，不思茶與飯，精神狀況時好時壞。家人很著急，就醫不癒去問神，醫生說是憂鬱症，神說是卡到陰。其母說事過兩年了，常常自己一個人又哭又喊著兩年前的男友名字，現在嚴重到一天至三天就會發作一次，每次發作時就哭哭鬧鬧說要去找男友，她明明就知道男友早已死了，為什麼念念不忘呢？請問老師這是不是傷心過度。

我就回說讓我來問妳女兒看怎麼回事。請問賴小姐妳是不是想念前男友，妳現在記憶還清楚嗎？我看妳眼神昏沉精神不振，確有精神方面的問題，妳晚上睡覺會不會作夢，夢中是不是多了一人。

賴小姐回說，不知是不是太想念還是怎麼樣，我以前的男朋友都會陪我睡覺，夢醒來時身邊都沒有人，我有時精神都很恍惚，手腳都軟趴趴，無心做事，無心上班，有時連飯都不想吃，一直都沒有胃口，有時吃了也會想吐，我媽媽都懷疑我是不是懷孕了。我現在根本就沒有男朋友，怎麼會懷孕。

話講到這裡，我回說依這種情形，應是妳前男友回來與妳相纏，現在這時間是早上十點，妳看哪一天下午來，我幫妳吊看妳前男友會不會來附妳的身。

我就向賴母交代看她精神不穩時，才來吊鬼魂比較好吊，在第七天賴女與其母再來，我就準備吊鬼魂的工作就緒後，約不到二十分鐘，鬼魂就附在賴女身上，全身發抖有如乩童要跳乩的樣子。

老師問：請問你是鬼魂還是神，沒有回應。再問如果你不講只是來鬧的，我是會修理你喔！

鬼魂回說：（開不了口，只有搖手）

老師問：你是不是不能開口講話，若是我幫你開喉讓你講話好嗎？

鬼魂回說：（用點頭，點了三次頭。續幫鬼魂開喉後，鬼魂哭了出來）

老師問：你女朋友精神異常，且說夢中有人陪她睡，又跟她有性慾之舉，是不是你鬼魂，你要講實話不得欺瞞。

鬼魂回說：我很愛她，我常常回來找她。

老師問：可是你方法不對啊！你要找她應該用托夢的才對，你看她現在有如瘋女，你忍心嗎？而且人鬼殊途陰陽不兩立，你愛她等於是在害她。

鬼魂回說：我想要娶她，她是我生前最要好的女朋友。

老師問：娶你的大頭鬼，你是欠罵欠修理是不是，你若不打消這個念頭，我就會催符唸咒，把你送去酆都去受苦刑，甚至把你打落十八層地獄，讓你永不超生，死了就死了還想要冥婚，叫她以後怎麼嫁人。

鬼魂回說：你那麼兇我會怕，我要走了。

老師問：話還沒講清楚，事情還沒交代，若你敢退離賴女的軀體，我就掌勾魂指將你鬼魂勾回來，再掌雙五雷轟你到魂飛魄散，不相信你試試看，要不要試。

鬼魂回說：（停了一下沒回應）那我要怎樣你們才滿意。

老師問：很簡單，請賴女家人準備一些祭拜的供品祭拜你鬼魂，條件是你鬼魂要放手，不得將賴女的魂魄帶走，然後再擇吉日焚香請你鬼魂享納，你鬼魂沒有理由也沒有條件可談。

鬼魂回說：你講話很難聽也很兇，我什麼都不要。

老師問：你什麼都不要，那你是想吃符才甘願嗎？若你再不答應所開的條件，只要你敢再說一句不要，我就噴你符水，看你找得到路回陰間去嗎？

鬼魂回說：（此時已軟化）你們安排就好，但有一個要求，她要嫁人時要請我吃喜餅，用喜餅拜我。

老師問：你做鬼也要吃喜餅，你是餓死鬼嗎？好啦！你這個要求答應你啦！約再過十天祭拜你，在這十天當中你鬼魂不得再來纏她，若敢違背即時你會很難受的，就這麼約定你可退去回陰間了。

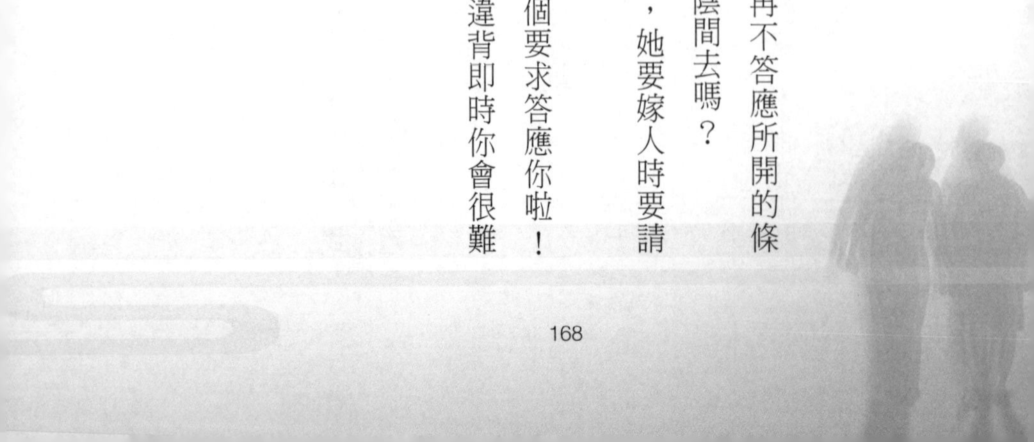

工廠老闆娘鬼附身天天要與三人相歡

時齡三十九歲的婦人很難安分守己，原因出於鬼附身，夫妻在三十歲時開始創業，丈夫將其祖先遺留下來的一片祖產、旱地，搭建一家鐵皮工廠，生產家庭食品。

生意雖好但災難多，老闆當年已四十二歲尚稱壯年，做事很有衝勁，就是對妻子沒衝勁可管，也無法管。發現妻有很長一段時間，常常不在工廠做事，常常有理由的外出，左思右想很頭痛的請了一位地理師，前去查堪工廠的地理風水。筆者受邀一同前往員林，該地理師有相當風水經驗，筆者是研究人相之相理，在到達員林該工廠後，地理師將羅盤擺出找方向。

該工廠前面是一片田野，地理師很傲氣的說了兩句話，一是水稻田有水，食品灶口不可向田，二是該工廠有佔到先靈墓地。

老闆聽完地理師講後沒表示意見，再帶地理師回去看住家，是在鄉下蓋瓦片的房子，看後地理師表示，房子面前馬路如蛇形，婦人難守婦道，老闆很鎮靜都沒有表示意見，只是嘆一口氣後點燃一根香菸抽。

此時我接續問，請問老闆你眼睛尾端那顆紅痣，自長出到現在有幾年了。老闆回說從小就有那顆痣，不過是五年前才慢慢轉為紅色。我就聽完老闆述說，回說依人相學那個宮位是夫妻宮，時齡是三十九歲，依相理研究夫妻是會常吵架，嚴重的話是要見血光，不見血光是要火災的。

老闆回說血光倒是沒有，夫妻口角吵架是不斷的，又在三年前快三十九歲時，工廠發生火災全毀掉，現在的工廠是重新搭建的，講完抽根菸邊說，我咁這歹運這衰運。

老闆很鎮靜不一會兒即找來妻子，很火大又抓狂的問起妻子，妳有沒有不守婦道讓我做烏龜戴綠帽，妻子一驚嚇就回說我是不得已的。

此時場面很尷尬，我急忙拉開夫妻兩人有話慢慢講，其妻訴說有人天天在我耳朵講話，我有反映給先生他都不理我，今天才來怪我。

那請問老闆娘有人在妳耳朵都講什麼話，今天我們來了，為要解決事情，妳可一五一十據實說來聽聽看嗎？老闆娘停頓了一會兒，說講出來會被打死，我不敢講。續後我轉向老闆問說，你可冷靜聽你太太講嗎？但不管聽到什麼話都不可動手喔！老闆回說好。

老闆娘細說這段時間不在工廠，都是去找舅舅，每天在工廠工作時耳邊都有聽到，趕快去找查埔人，快去快去，聽完心裡就很悶且昏昏沉沉的聽其指揮。三年前是偶爾一星期一次或兩次，每次都先到一家舊旅社，打電話給舅舅，他六十多歲了對性方面，都是能勃起不能持久，每次都擦一種白色的粉末在我的陰道，事辦完感覺不過癮，後來舅舅提議再找兩位朋友來一起輪著玩。

日久成癮又耳朵都有人在催我趕快去，一聽到心就穩定不下來，即會藉著送貨或買東西，偷偷的去，現在兩天沒去心裡就按耐不住。

好我問妳，妳知道白白的粉末是什麼嗎？他們三人有沒有給妳什麼好處。老闆娘回說，每次我都急著一小時就要趕回工廠，有時他們三人都會給我五百元，不過我不是愛錢，擦那種白粉性慾時，都會有一種快感，才會成癮的不時都會想。

此時老闆像吃到炸彈的爆發，那是妳的親母舅，打了老闆娘好幾下。我就拉開老闆說，事情總是要解決嘛，你生氣打她都沒有用啦！

隨即問老闆娘，妳既不是為了錢，依判斷那白粉可能是四號仔，叫海洛英是毒品，妳必須要忍耐不能再去了，我建議你們夫妻，擇個吉日祭拜工廠地下的先靈，驅趕或立個牌位安置那墓地的先靈，第二選擇是工廠拆掉還給那先靈的安寧，二選一才能解決問題，你們考慮啦！

宮主女兒同鬼魂相眠兩年半

有一位女宮主住台北市，平時都在爬走靈山跳靈乩，家中開了一家小型的道館，平時都有在為人服務解困。家中第二女兒十八歲被鬼魂相纏兩年半之久，全身瘦到皮包骨，精神方面也異常，時常向學校請假。學校反映給家長都說，看她精神恍惚沒神念書，其宮主說女兒就醫一直都沒起色改善精神，自己也很丟臉的。去其他神壇求教神明，神明都指示卡到陰，也幫她祭改了好幾次了，可是不靈，也一直想不出個好方法。

老師回問女宮主，那妳應該找道家法師嘛！女宮主回說，兩年半以來找了超過十位老師，你看我花多少錢了，有人介紹我像這種狀況要找林老師你，要林老師幫忙我們處理。老師回問妳女兒什麼時候有在，我先去看看怎麼回事。

雙方約好星期日下午一點，去時看到少女剩下皮包骨，臉色蒼白、眼神昏沉，即問說妳晚上睡覺，是否都有人在陪妳睡，且與妳做男女之間的事，每次那鬼魂戲弄完，妳的內褲都濕了。少女點頭哭了出來。此時即建議少女的媽媽，能不能要妳女兒明天下午，向學校請半天假回來，吊鬼魂出來對話，為什麼長期戲弄妳女兒。宮主回說那當然最好了。

雙方約好隔天下午兩點，將吊鬼魂之事準備就緒後，即開始催符唸咒，約二十分鐘後鬼魂附在少女身上。

老師問：你鬼魂纏她有多久了，纏她用意是什麼，可講來聽聽看嗎？

鬼魂回說：我很愛她，我跟著她已有兩年多了。

老師問：你愛她為什麼晚上睡覺，都戲弄她讓她發洩到不成人形，你真可惡至極啊！

鬼魂回說：不要罵我，我就是愛她。

老師問：你們在什麼地方相遇的，為什麼纏著不放，她的陽氣已耗損盡空，你是要戲弄到她死是不是，你願不願離開她。

鬼魂回說：就算離開她，也要帶她一起走。

老師問：你鬼魂膽大包天，你再講一次給我聽，講啊！你敢講我就敢轟到你魂飛魄散，要不要試試看。

鬼魂回說：你那麼兇，我不講我要走了。

老師問：等一下你還沒交代清楚，我再問你一次願不願離開她的肉體。

鬼魂回說：離開可以，要有條件。

老師問：什麼條件，我開給你鬼魂選擇，兩個條件，一是請她家人祭拜你一番，再化些紙錢給你，二是你不接受，我掌雙五雷轟你下地獄，二選一。

鬼魂回說：我選前面的。

老師問：既然選前面的就再等約五天，準備好焚香請你鬼魂來受納，不得有誤，過程到此結束了。

靈界拆散情侶男方痛哭鬼無情

有一對要好的情侶相識已有四年之久，男女均住高雄，兩人在讀書時就已相識交往。據女方轉述尚在讀書時，在學校邊租了一間小房子，有一天晚上剛要上床睡覺時，面前站了一位披頭散髮，且全身濕答答的鬼魂，嚇到當晚不敢睡覺。事經過兩天自己跑去問附近一家雜貨店老闆娘，老闆娘建議她買些紙錢回去化燒給鬼魂，燒完後再拿兩個十元硬幣向鬼魂擲筊，問鬼魂有沒有收到銀紙錢，結果擲了陰陽筊，自己就安心了很多。

經過幾天鬼魂食髓知味，又飄來向這位女學生喊，救，救，我，拉長聲，且聲音很沉氣，連續來了幾次後，嚇到要將房子退租。可是房東以租約未到期不退租，拖到租約到期已退不了身，精神有很明顯的恍惚，時有發作時六親不認。畢業出社會找工作，上班不很正常，終都被公司辭退，精神不穩在家休養兩年多。家人不可接近，要好的四年男友更不可靠近，只要有親人靠近她，就會打人甚至搗毀家財器具，將屋內的擺設物品全被破壞殆盡。家人拿她沒辦法，據家人的轉述邊說邊掉眼淚，都有到處去求神，神明指示卡到冤枉死的女惡鬼。

四年當中男友也很認真的幫她，找道家法師，求神問卜，可是未見轉機，每次男友關心她靠近她，就大吵大鬧，男友嘆說鬼無情，好端端的將我們建立的四年感情就這的被拆散，不但不認我還說我是惡魔。

聽完所有的細述過程，我就建議其家人及男友，將鬼魂吊出來對話，再跟鬼魂妥協，你們意見如何。家人及男友都同意了，此時即開始做吊魂動作，不一會兒鬼魂來附身了。

老師問：請問妳是女鬼魂嗎？妳纏劉小姐有多久了，妳是冤枉死的，還是生病死的。

女鬼魂回說：（口氣很兇的回說）問那麼多幹嘛，我是女鬼、男鬼有重要嗎？我就是抓她來跟我做姐妹伴，你們不要阻擋我。

老師問：妳真是死鬼改不了死鬼的脾氣，我警告妳，若妳身段不放軟一點，我就修理妳，要不要試試。再問妳，妳們有什麼情仇恩怨，講來給我聽看看。

女鬼魂回說：我不要講，我要走了。

老師問：妳口氣一直很不好，且講話不配合，妳是想再死一次是不是。（此時我很火大，我將地面畫個圈圈叫鬼坐在圈內）若不坐好敢離開，我就轟到妳魂飛魄散。

女鬼魂回說：好啦我講，我是被混混的流氓姦殺，棄屍在河溝裡，劉女侵佔我的床，我不滿才報復的。

老師問：妳被姦棄屍沒破案嗎？劉女租的房子妳住過嗎？

女鬼魂回說：案石沉大海，那個房子幾年前我住過。

老師問：既然問題明朗，請劉女家人準備一些祭品，祭拜妳後再請本境土地公，帶妳去附近看是應公廟或是廟寺歸位，妳可願意。

女鬼魂回說：你們安排就好。

老師問：妳既同意不得再報復劉女，擇日焚香請妳來享納祭品，妳現在可退離劉女的軀體了。

鬼魂上身要訴苦說冤情

筆者前去屏東辦事遇到鬼魂訴冤情，眾人在喝茶說某人的悲慘事，約過一小時，忽然跑來一位青春少女年約二十歲左右，站在面前頭往右斜又頭低低的，在滴眼淚。老師見狀問說小妹妳怎麼樣，問了三句都沒有動靜也不回應，再問說是不是不能開口說話，妳有冤情嗎？

鬼魂點頭。我隨即請當家主人點燃三炷香，幫這鬼魂開喉。約過十分鐘，鬼魂附在該少女身上少女的口唇已在抖動，但沒有說話。我就請鬼魂你不要哭，有冤情就說出來，現場有七、八人，你放心的把冤情說出來，看有誰能幫你。

此時鬼魂開口說話，我死的很慘沒人幫我收屍。聽起來是一位女人的聲音，即問說妳是女孩子嗎？回是，那妳怎麼附在她身上，妳們有情仇恩怨嗎？

鬼魂回沒有，那妳既然來附她的身，有什麼話要講嗎？我來問妳，妳要據實回答我的所問，不可吃名詐姓妳可要記得。

老師問：她媽媽說妳常附她身，讓她身體不舒服又發抖，這時間有多久了。

女鬼魂回：有一年多了，她們都不理我，我很痛苦，我死的很冤枉。

老師問：妳是怎麼死的，能夠詳細的說清楚嗎？地點在哪裡，妳生前的住址講的出來嗎？

女鬼魂回：我現在渺渺茫茫，是無主孤魂，無處可歸，你能幫我嗎？

老師問：我是台北來的出外人，妳應請託犯者少女家人幫妳忙才對。

女鬼魂回：有就好啦！

老師問：那請她家人做主，祭拜妳後再請土地公開路，請引魂童子，引魄童郎，將妳鬼魂引到附近應公廟，讓妳有個安寧的地方。

女鬼魂回：好啦！就退掉了。

新婚一夜眠離妻八月郎

奉母成婚心有不甘，結婚只與新婚妻子相眠一夜，離家八個月。許姓在未婚前同時與兩女相識交往，甲女認識時間較長，在某股票公司上班，職位是主管，許姓母親對甲女非常深愛，一直在催婚。許姓續認識乙女，成為戀情三角關係，但乙女較不受許母愛戴。許母常逼婚要娶甲女為媳婦，在這期間乙女從中作梗阻婚，致使婚期很不順利。在許姓成婚當天整個人都恍恍惚惚，精神很不穩定，家人有發覺怪怪的，要等婚事辦完才要問清楚。第二天下午人不見了，家人非常的著急，新娘也哭的很慘，在這八個月音訊全無，忽有一天人回來了，家人問不出原因。許母來電請筆者前往台中一趟，筆者答應隔兩天去。

去到許家發現許姓神昏呆滯，不言不語，我就很武斷的向許母說，他已卡到陰邪，問許母化一張陰邪符給他喝好嗎？許母同意，喝下符令水約半小時後人清醒過來。問許姓為什麼新婚就逃婚離家。回說新婚房有鬼，當晚鬧到我無法成眠，跑去哪裡就不講了。隨後問新娘結婚那天的晚上，妳有沒有感覺有鬧鬼。新娘回說那晚已很累了，沒什麼感應到。新娘邊哭邊說逃避責任就承認，不要編造故事，今天既回來把話講清楚，要婚要廢都可以。

其婆婆不斷的安慰媳婦，暫不要急，是不是像老師講的卡到陰邪，若是的話他也是身不由己，聽媽媽的話先冷靜下來，不要說廢婚的話，我們先拜託老師看怎麼處理較妥當。我也答應幫忙，再約隔四天再前去許家處理，過程交代清楚後就回台北。

在第七天新娘來電話喜極而泣的說，老師謝謝你，我先生在第四天有與我行房了，講了很多的話題，重要的是本來不相信他卡到陰，經過處理後他整個人已恢復正常，我就回說事情圓滿就好，電話就掛了。

幼稚園老師黃昏跳乩嚇壞小朋友

有一位幼稚園女老師，受新莊一家宮壇之邀常去壇前靜坐禪修，早上在三重幼稚園教課，下午順路到新莊靜坐，晚上回板橋，路途一路順，長期下來靜坐修出問題來。這位女老師每到下午三至四點，即會忽然跳起乩來的比手劃腳，頭搖口呼呼的，嚇壞了幼稚園小朋友。事經過幾次後，園長令這位女老師請假休息。

筆者在劍潭設有教室，授教人體工程學，室內有位女學生，問起其妹妹的狀況，自己搞不清楚妹妹是跳神或跳鬼。我回說請妳妹妹再過下週上課時到教室來，我準備壇香及金紙，來催符唸咒讓她跳給大家看，讓我們共同來鑑證，是神是鬼即便知。

過程約十分鐘隨即附身，問你是神是鬼看不出來，只見女老師頭左右搖晃，雙手在擺動，不能講話只口唇在呼呼而已。問說是不是不能開口講話。點頭。好老師幫你開喉讓你能說話。

開口第一句話說，我是大將軍，你叫我來做什麼。

老師回說：沒做什麼，是要印證你是何方神聖，你既來了就講清楚，這裡沒有你騙的餘地，你天天附她身，嚇多少小朋友你知道嗎？我認為你非真神正駕，有兩種可能，一是陰兵邪將，二是鬼魂藉體跳乩，是哪一種你講。

是前面。

什麼是前面講清楚一點。

是陰兵啦！

好，既是陰兵，你沒權利及理由附她身上亂跳嚇人，你可願意自動離她而去。

好是好，但沒路去。

我請她再過兩天的下午，去她宮壇禪修的地方，化些甲馬及其他紙錢給你受納，但你應歸位去陰廟，不得出來擾亂人間，你陰兵可願意接受。

好啦！

到此就退掉了。

爺爺入殮頭探屍棺蓋身影人失常

在新北市永和區有位青春少女十八歲，爺爺死亡入殮蓋棺，平常生前這位爺爺很疼愛這位孫女，在爺爺入殮時想看最後一面，因不懂習俗就伸頭探看。上有光下有人影，蓋棺時將人影蓋在棺木內，前幾天人沒事，等爺爺葬後第三天整個人開始發抖，隨即精神異常，送醫治療且住院。事經三個月後仍然發抖不停，醫生仍無能治癒，就辦出院。家人非常著急到處求神，神的回應是失魂。筆者大約聽了少女父母的描述後，回說人有三魂七魄，若神明指示沒錯的話，應該是魂被棺順時蓋入。

那我再請問現在是夏天，她怎麼穿那麼厚冬天的衣服。他父母回說也不知道，都一直喊說很冷，連吃飯手捧碗有時都端不住會掉到地上。那還有沒有其他狀況。其母回說每天都在馬路街上亂跑，要抓她時力氣又很大真的抓不住她，有時還跑到外縣市去，有時一兩天沒回來啊！我再問她這狀況有多久時間了。回說約有近一年這麼久了。我聽完少女父母親的詳述過後，就當場為這位少女吊鬼魂，約二十分鐘後，鬼魂就附身在這位少女身上，講話的是一個老伯伯的語音。

老師問說是不是這位少女的爺爺。回應說是。既是爺爺那我就問你，先靈請你有問有答。

老師問：你為什麼纏上你的孫女，她年齡那麼小也不懂事，你先靈能放手讓她精神恢復正常嗎？

爺爺回說：我嘛不是故意的，她就跟我住在一起，我也很疼愛她。（聲音很低沉且拉長聲）

老師問：陰陽分兩界，人鬼殊途，陽人魂魄不得和陰魂住，你先靈可放手讓你孫女脫魂回魄，讓她精神恢復健康。

爺爺回說：好啦！我會請她回去陽間。

老師問：那就選個良時吉日，等擇好吉日再敬告你先靈後，再開棺請魂領回陽間，藉時請爺爺你要放手，可讓你孫女魂魄回來附身合體。

爺爺回說：沒事了，我要回去。

老師問：請爺爺一路順走，獻化紙錢過橋過路費你領受，再請土地公，引魂童子，引魄童郎，帶領你歸位。

筆者提供陽人被鬼魂纏身案例

傳真來自新加坡，內容隻字未增減，只將簡體字更改為繁體字，傳真內容語句寫的並沒有很順，看起來有點吃力，依著作權法須保護當事人姓名及地址。

二〇一〇年十一月九日，林吉成師父台鑑。事主XXX一九六六年坤命丙午年，二月初六己時瑞生，四年前同座組屋一位男子跳樓自殺，樓下留下一灘血跡，一星期後XXX在當處跌倒過後沒有任何不妥。二〇一〇年陽曆九月尾，鄰居一班（阿非），經常半夜不眠，而且打架出血，血跡在XXX家居門口留下血跡，她開始一直投訴說，這班鄰居（都是男人）印度族，要調戲她，要強暴她，在房窗門口偷看她睡覺，她說到處都有人說她是非，有人要對付她，開始不敢出門，不睡覺，不想吃，而且一直有聽到多人談話聲音，有對她不利及殺害她。她的臉及手腳皮膚有粒狀粗皮出現，經過乩童幫她治療後有些穩定，二〇一〇年陽曆，二〇一〇年十月三十一日，下午五點，忽然不知道是睡覺，還是暈倒都叫不醒，直到七時過後，一位兄長幫她，用泰國符牌（泰國邪師稱亞羅曼）即是猴的意思，即時她開始全身抽搐的現象，直到晚上平靜後，大約十點忽然拿了包袱說要到兄長高樓住家去住，但不讓她去，又轉向姊姊家去。當時在辦千秋聖誕尾聲，當時她的臉色變得紅潤幼滑，當我用神明開的布符，偷放在她的背後，當正要放時，她是否很有感應知道有這一招，即要衝跑去大馬路。隔天後有發作怪現象，不睬眾人不說話，但自己會沖涼會保持身上的「衛生」口中唸唸有詞，有時清醒有時發作，一直都有想要跳樓的念頭，都有被發現被家人控制到。

註：二〇一〇年十月三十一日當時七時左右，兄長的一位結拜弟弟向她罵了幾句說，什麼都是妳害的，因為仁兄是兄長同性戀的，原本他們約好要共餐的，事發連續了兩三天，我有看見她臉上若隱若現，一下類似猴的臉形，當發作時眼睛斜視，具有一種仇恨的樣子，口中上下唇合攏如猴的嘴巴，下巴及鼻下半部臉呈血紅色，兩手用三山指合攏，醫生有給她服神經質的藥。

二〇一〇年十月三日約十一點左右忽然間開口說了很多話，說有一男人名字叫「威利」的，說是她的愛人說要找她，而且這個男人搞上她的妹妹過後，自己跳海自殺，我們問她你叫什麼名字，但沒有說出。在鍾XX早上跳樓的當兒，是有家人捉著她的，而且窗口都關著，但她力大無窮，給她掙脫了手跳了下樓。

在跳樓前晚她自己本身說過，曾經夢過天堂及地獄，而且還說，自己是害人精，危害人間罪惡深重，（即是當時那位仁兄所說的話），做姊的我安慰她無效，反而說不要再說了，講多都是沒用。跳樓當天早上九點多，首先向她的姪女凝視觸摸她，有點依依不捨的樣子，姪女被嚇到過後一直發燒，跳下樓時幸好中草地，當時暈迷二十分鐘。在未到地時曾大聲喊，阿爸（已故）救我，然後中地面，暈迷約二十分鐘，忽然清醒說了一個名字，叫林欣宜，說了三次。

在救傷車內在掙扎要跳開還說，我XX現在殘廢了，你不是好了高興了囉。XX本身性格內向，除了姪女、母親外少出外，無工作不打扮不參人也固執。現在醫院（曾發作過）醫生檢查後，說她的骨盆裂及移位，筋骨斷了一根，頸椎有傷到（有危險性）醫生、護士問她不答也不出聲。之前每當發作時，對我們家人有反抗仇視，謝謝，二姊字敬上。

註：這是當事人大姊的傳真內容，請續看後面的演變及收尾。

鬼魂索命陽間地府來回走一遭

請託人X女士，於國曆99年11月9日，傳真後隨即來電說，我是新加坡電話，拜託林老師跑一趟，懇請越快越好，關於老師的酬金好談。當事人的電話請託內容諸多，不再細述。在我聽完電話看完傳真後，確實請託人有點急，馬上回電新加坡給X女士，答應以最快的速度準備，就緒馬上起程。

於99年11月12日早上，由台北三重前往機場，搭坐長榮航空，七點四十分班機，約十二點十分到達新加坡機場，出關機場已下午一點多，X女士前來機場接我上車。上車沒幾分鐘，一行人就邊聊，我就開口問起X女士，妳怎麼找上我的？喔老師你所出版的書籍，在新加坡萬里書局、五術書專門店都有在賣，請問老師你書上寫的，跟你的法力有沒有同等功力。

我回說，書是根據經驗寫出來的，應該是相同。那老師再請問你，我妹妹的鬼魂卡身，在事前有請來印度法師，前來處理過一次，一次一千元，說要處理五次才能恢復正常，請問老師你要幾次。我回說，卡到鬼魂的事依經驗應該是一次就要解決掉嘛！老師有沒有騙我們。老師回說路途這麼遠，妳能請我來幾次。好啦！現在我們尚在路途中，還沒到醫院，也尚未見到犯者，等看了後再告訴妳。

X女士再問說我：妹妹XXX被鬼纏身有一段時日了，在這段期間有陸續在幫她處理，怎麼處理不好。

我就回說可能方法不對嘛！鬼魂的需要與冤情，要先搞清楚，你們要處理前，應將鬼魂請出來對話啊！才知道什麼原因，鬼魂要纏著不放，可以將鬼魂請出來對話。

會不會覺得太誇張。老師回說有經驗請得出，沒經驗鬼魂不理你。真的可以將鬼魂請出來對話，那就太玄了。老師回說，真的被鬼魂卡到都沒問題，但話要講明，卡陰太輕是吊不到的。

講著講著就到了醫院，新加坡地區不大，但醫院的規模看起來很大，在進入醫院時病房是有門禁的，我在想醫師應該將XXX視為精神病患，才會有門禁。家屬經按門鈴，進門經過一番溝通後，才讓我們一行人進去，依規定非親屬是不能探看病患的。

一進到病房的第一時間，是看到XXX雙眼白睛往上吊，嘴唇含在口內，牙齒咬的緊緊，有如在傳真中所寫的，形似猴子，其實看起來比較像猩猩的嘴，我就問病患家屬住院幾天了。家屬回說約九天了。那在這九天期間，能將過程細述一遍給我聽聽看嗎？

X女士即說，這段期間我們家屬任何人，都無法靠近她，會打人，拿東西要給她，都會把東西甩掉，會大吼大叫的，護士幫她餵藥也都被甩掉，我們實在很急。之前有請一位印度邪師，前來幫她做法驅除鬼魂，不如預期，得到是反效果，病情更為惡化。在這九天當中，不吃藥，不飲食，靠打點滴，所以才請老師從台灣過來。

一切過程聽完家屬細述後，本想吊那鬼魂出來對話，經與院方溝通，但院方不準點香、燒金紙、燒符令，在很不得已的情況之下，只有請醫師、護士、家屬站在旁邊，給我一個距離空間，即腳踏罡步，左手掌五雷，右手掌持劍指，就喊一聲鬼魂聽令，自我進到病房到現在，犯者XXX的眼睛及嘴唇，一直都沒有放鬆過，你鬼魂願不願意自動離開XXX的肉體，給你一分鐘的時間。鬼魂沒有任何反應，我即開始要動手，也就事先告訴家屬及護士，我會保持距離約三十公分～四十公分的距離，不去碰到犯者XXX的肉體。

護士相當擔心，怕我傷害到病患，我回說不會傷害到她，但要給我十分鐘到二十分鐘的時間，講完即開始動手。就憑空畫符唸咒，催符唸咒完，就向鬼魂說若有不服針對我來，限你十分鐘以內離開XXX的肉體，若是反抗不放手，看我怎麼修理你，我會以最嚴厲的雙五雷伺候你，信不信由鬼魂你自己決定。

話一講完的此時，看見犯者的雙白眼，已在慢慢往下放自然，含在口內的嘴唇也就慢慢鬆口放自然。此時我就開口，請鬼魂暫時留步，先附在XXX的肉體跟我對話，你有什麼情仇恩怨，為什麼要纏她，鬼魂的回話我實在聽不懂，講的是哪一國的語音，只好請印度護士做翻譯。

即開始問起，請問鬼魂你是哪一國人。回說印度，你是怎麼死的。跳樓自殺死的。為什麼要自殺。因財務不靈想不開。那你跳樓自殺死亡，有沒有家屬幫你收屍。沒有，是公家幫我收屍的。既有公家幫你收屍，為什麼你鬼魂不歸陰間。啊！有苦難言啦！

老師說我先警告你，不得吃名詐姓，來陽間纏人向犯者索賄，我也再告訴你ＸＸＸ的家屬，原則上同意答應要以簡單儀式，準備一些祭拜供品，奉獻一些鬼魂紙錢，向你鬼魂祭拜一番。另外再告訴你，家屬以菜飯、紙錢奉獻化紙錢給你受納，奉獻非窮錢你受納，有沒有同意。好啦！

但我們講明條件要說清楚，法事做完要你放手，不得將ＸＸＸ的魂魄帶走一魂或一魄，如果你敢違背雙方的約束，本師會以五雷伺候你，話已跟你講明。好，今日是陽曆十一月十二日，在十一月十四日也就是星期日，下午一點你鬼魂來犯者ＸＸＸ所居住的地址處（因牽涉個人名譽地址及姓名均保留）。

所有話講完鬼魂就自動離去，ＸＸＸ慢慢的清醒過來，此時即請護士拿藥來給她吃，護士邊餵她吃藥，邊怕她再打人或再甩掉。我就跟護士說，鬼魂已退掉離去妳就不用怕。

之後我們一行人也就在下午四點多離開醫院，離開前告訴犯者晚上八點再來看妳。在當天晚上八點進到病房時，看她人已完全清醒過來，一開口就說肚子很餓，想要吃東西及喝飲料，家屬連忙給她東西吃，家屬就說像這樣也就放心了。

在11月13日中午做完其他法事後，再前去醫院探看XXX的病情，回到X家在談XXX恢復的過程時，約晚上近十點，又來一個神妙玄奇的事，忽然間X家有一位婦人，當場搖起頭來，頭一直在左右搖晃，再腳踏地抖動個不停，兩手在轉圈圈，看似像乩童要跳乩的樣子，大約搖了五分鐘，老師就問她你是何方神聖。問了幾句都沒有回應，老師再問你是神還是神兵神將，也沒有回應。我再問你是鬼魂藉體跳乩嗎？問了三種話都沒有回應，即又問你是不是不能開口說話，就點頭。好，老師幫你開喉讓你能開口說話，先講好開喉後，不管你是神或鬼，都要據實回答所問。

開完喉第一句話說，我是唐山觀音菩薩，聲音很細很小聲。老師就說聲音太小聲聽不太清楚，大聲一點。後來有比較大聲聽清楚了，總共說了三次我是觀音菩薩。老師問既是觀音菩薩妳的雙手一直在轉圈圈，一點也不像觀音手指訣，我掌觀音手指訣給妳看，妳跟著手勢掌手訣，總共練了三次，都掐不起來。我就說若是妳是觀音菩薩真神正駕，要跳乩，我幫妳扶正讓妳跳乩，若是神兵神將、陰兵邪將、孤魂野鬼要來鬧的，等一下看我怎麼修理妳。

即回說我不是要來鬧的。好，既不是來鬧的，我給妳十分鐘的時間，話先講明，十分鐘到了，妳是真神正駕妳留著，若是陰邪兵將、孤魂野鬼，十分鐘到時，妳要自動離開或留著隨妳，妳要想好。

真神正駕將妳扶正，無理取鬧要知道後果，妳撐得起五雷轟殺下地獄嘛，妳留著，我們約好，從現在計時。數到第七分鐘時，突然退掉離去，所有玄趣的事到此結束，沒戲唱了。

之後所有的人續在客廳泡茶，閒聊該婦人跳乩的事，當場共有八人正在研究，那觀音菩薩是真是假，在這聊話過程又發生一個小插曲。坐我前面有位青春少女，忽然頭往下低，雙眼微往上吊在聽我講話。我發現時，就問某先生，坐在面前這位小姐是不是你女兒。答是。她今年幾歲了。二十歲了。你們有沒有發現，她有異樣？喔，她常身體不舒服向學校請假。

我就回說注意看，她臉色蒼白，精神不振，她已被卡到陰，依看她身體沒病，但每個月癸水來洗不正常，時有一個月來洗兩次，來洗時經血如豬血瘀濃，你們有沒有發現嗎？

喔，這已有就醫，在這三年半以來，無論看中醫或西醫，都診治不癒，不知道怎麼辦，老師這距離有三百公分以上的寬度，老師你會通靈嗎？

回說我不會通靈，但我會人相觀氣色。現場的人就急的想要知道答案，我就回說注意看，她雙眼無神，臉色氣沉，從頭到尾不言不語，淚堂又反灰黯，淚堂是子女宮，也是看女人的婦科方面。

講完，我就問某先生，有沒有想要好。那當然想要快點好啊！好，你明天去藥草店，買三味青草藥，回來煎煮給她吃，我明天再開六張沖犯陰煞符，三張化陰陽水喝，三張煎煮草藥，吃完約半個月就會恢復了。

隔天11月14日下午續辦XXX的法事，法事過程約三小時結束，在場的四人當中，X女士即馬上走過來，就說老師我看到那草人雙手會上下搖動，也看到從門外似煙似影，從外面飄進來。

我就問，妳有沒有看錯？X女士就回說是真的啦！沒有看走眼，當時準備拿手機要照相為憑，可是時間太短來不及。在我聽完後就說，還有很玄奇的事你們四個人絕沒聽過或看過。四人就很急很想要知道，我就戲弄了他們約五分鐘。老師趕快講。

我問說想聽嗎？好，做法事之中約幾點在幫XXX吊魂魄。回說大概五點嘛。我就問說現XXX在哪裡。回說在醫院啊！好，她離我們現在這個地點，相差應該有幾公里遠，她什麼都不知道。他們就回說那當然啦！我就解答說，人有三魂七魄，人的魂魄一旦被吊魂，全身的體溫會降低，我們等一下去醫院探看XXX時，我不開口講話，你們家屬自己問她。

一進到病房，就看到XXX在哭，家屬問她為什麼哭，不語不回答，家屬問她為什麼哭妳要講啊！就邊哭邊說，剛才五點到六點的時候，全身發冷，冷到蓋被單仍然一直發抖。家屬未出發前早已知道答案了，就安慰XXX說，好，沒事沒事啦！等XXX停哭靜下來，家屬就跟她聊其他的事了，所有的就在當晚九點半結束。

這次新加坡行就在11月15日回台北，很高興的事，就是回台北第三天，X女士來電告知，說醫生有叫XXX下床學走路，約再七天又來電告知已出院了。

酒女貪財惹來蟲降騷癢全身

平常喜歡打牌贏錢，酒店上班迷惑酒客的錢財，一面做事兩面贏，這位美女青春年華年僅二十四歲住北市，自二十一歲走入風花場所到酒店上班，聽了同事的轉述，規規矩矩的靠檯費收入不豐。

這種場所盤仔客很多，靠一點邪門賺錢比較快，自己左思右想賺錢最快的方法，是下班後與恩客以身相許，是唯一賺錢最快的方法。其同事否決這是唯一，就教辜女準備台幣約三十萬元，兩人交通費及吃住夠了，帶她到國外找一位降頭師，幫她做降頭邪術回來擺在床下祭拜。

降頭師教了她一招，每天在上班時見酒客喝到半醒半醉時，就提議玩遊戲，以猜拳的方式論輸贏，只要客人被拔一根頭髮，一根淫毛，取回放在一起天天祭拜，酒客即會心癢癢的想到妳。

辜姓酒女就常找被拔過毛的酒客，打牌、約睡眠、到店捧場，無所不順在。一年當中，撈到邪心錢已累積有一千多萬，辜女的妙術是上班前先在自己頭上、額頭擦一點屍油，好讓酒客在燈光昏黯下，看起來像是美麗如西施。打牌前擦一點屍油，讓對手男人迷惑無心打牌，這有點像是金光黨騙錢術，只不過擦屍油是迷幻術，將對方的錢騙過來而已。

社會強盜犯法律受制裁，迷幻術犯良心道德，講明的降頭加養小鬼所得來的是不義之財。

一年光景過後一天不如一天，金錢慢慢流失，後來野心更大，再去國外找那位降頭師，說所做的降頭法術不靈了，要降頭師再做一次。

降頭師的酬金開的比上次高一倍的酬金，辜女認為不合理，經討價還價技巧不夠，惹毛了降頭師，就不動聲色，要辜女付二分之一的價錢，讓辜女高興的半死。

降頭師指示辜女各拔自己的頭髮七根，淫毛七根，經過祭拜作法雙方成交後，要辜女回來放在原來與酒客的頭髮、淫毛，同放在一起再攪亂成一撮，會賺更多的錢。辜女就暗中偷笑喜從心來，經過二十多天沒有動靜，就撥電話去請問那位降頭師，就回她再等個半月左右會有結果。

結果有兩種，一種是沒有更好的收入且身邊的錢一直流失，另一種是精神開始異常，且毛髮變蟲附在身上，整天在擾癢全身苦不堪言，不但無法上班又將前撈來的錢，在不到一年所有的積蓄全敗光。

降蟲擾癢全身就醫查無病因，問神說被下降，生活過的生不如死，到處找道家法師破解，身邊又沒錢沒人願意幫她破解，邊說邊掉眼淚，說以後不敢了。老師就說請問這還有以後嗎？妳在盜人錢財時，幾次過後為什麼不說以後不敢了，等到被陰鬼反噬錢財也耗盡，全身被降蟲侵蝕才說以後不敢了。

家蓋在無主墓上全家鬼話連篇

在台中鄉下有位水泥工，一家五口兩男三女，很玄的事兩男都沒事，精神尚穩定，三女全中邪，讓這陳家男主人欲哭無淚哀聲嘆氣的說，到處求神均無能讓這三女恢復正常，五年期間耗盡家產。據男主人說當初蓋這房屋時，看不出有墳墓或其他跡象，自房子蓋好遷搬入新屋居住後，家中一直很不平靜，常到夜晚入睡就會有奇怪的聲音，好像有人在吵架的聲音，一聽到就毛骨悚然。

住進去不到一年家中的三位女人，全精神異常就醫不癒，精神科醫師都說是躁鬱症，近五年來就醫也好，求神也好，都不見改善實是有話無處訴，經人介紹前來找筆者商討這是什麼原因。

我聽完苦主的細述後，問苦主你既有請教神明，那神明怎麼回應你，陳說神都說卡陰有侵佔到無主孤魂的墓地，可是當初買這一塊地時是平地。聽完陳先生描述後，我就問陳先生，可前去你家探看一遍嗎？陳說當然可以。

雙方約好時間去到陳家，陳家的兩個女兒其中小女兒二十八歲大學畢業，見到不熟識的人就大抓狂，趕人走開不得靠近她，且痰吐在我身上吐個不停，吐痰量之多實讓我嚇到。

陳爸開口對女兒罵粗話，我就阻他不用罵她，這不是她在吐，是鬼魂附在她身上，她也無能控制你就不要罵她。

我請問你太太、大女兒、小女兒，三人之中哪一個精神狀況最嚴重。陳回說就是向你吐痰的那個小女兒。我就跟你約定明天下午兩點，我來吊鬼魂附在她身上與我對話。在當天吊鬼魂時約十多分鐘，鬼魂出現附在陳先生其小女兒身上。

老師問：請問你是何方亡魂，有什麼情仇恩怨，要作弄陳家三婦女，你可講出來聽聽看嗎？

鬼魂回說：我不甘願陳家侵佔我住的地方，我要報復讓陳家不得安寧。

老師問：據說陳家土地是買來的，也不知道你先靈顯考早已埋葬的。

鬼魂回說：這塊地是我們先有的，陳家要蓋房子沒有把我們住的地方安置好，害我們壓的喘不過氣來。

老師問：既然你鬼魂埋葬在先，陳家蓋房子在後，死者為大，請陳家讓個位置來，將你們先靈安置妥當，逢年過節祭拜你們先靈，你可同意。

鬼魂回說：互不相侵為原則，你們陽間的人安排好就好，但是講話要算話，不可欺騙我們老人家。

老師問：既然你們先靈同意，陳家也同意，那你們先靈要放手，不得續纏陳家三婦女，讓她們精神早日恢復正常，所有約定雙方不得違背約束，陳家目前錢財已耗盡，你先靈給他們有喘氣的空間，再等三個月給陳家安排可行嗎？

鬼魂回說：太久了啦！一個月差不多，若是不肯我會再來找他算帳，看誰比較厲害。

老師問：萬萬不得，陳家已悽慘落魄了，你先靈再折磨他豈不是叫他去死嗎？我來折衷做主，那折衷兩個月好啦！選個時間擇日找良時吉日來進行，這樣較兩全其美。

鬼魂回說：兩個月到我要來坐大位。

老師問：那當然啦！所有約定就到此結束。

開宮安神被鬼魂入侵無法安寧

台灣有位婦人想到國外發展，在馬來西亞開了一家宮壇，給人問事，原本半年內均相安無事，半年後發覺怪怪的，起乩跳童都沒有神來附身，有時是兵將，有時是鬼魂，若是兵將附身情況還好，鬼魂附身回信眾的話，都在胡說八道。經過太多次後信眾一傳開，短時間內即少了一半以上的信眾，甚至到目前幾乎宮壇沒有信眾，可說寥寥無幾。

今天回來台灣順便請教老師你有什麼建議及看法，有什麼方法可改善走正軌，有什麼方法可讓鬼魂離開宮壇。

我聽完就問宮壇主事者，妳當初安神開壇有沒有請法師，再說土地乾不乾淨？宮主回說那塊土地後面不遠是墓地。當時看土地很便宜價位不高，就決定買下來了，除了搭建鐵皮屋，一部分住的地方，一半做宮壇，其他大都在種菜。開壇時有請當地的和尚來唸經，時間一久大家都有相識，那位和尚也住進來，事後陸陸續續帶進來五、六位小和尚，個個都說會幫人看病，結果不是那麼回事，是個個都會吃飯。時間一久我實在養不起那一群和尚，原本馬來西亞的生活水準較低，且是鄉下，事經過一段時間後，個個都在我面前說一個比一個厲害，可是從較熟識的信眾那邊，聽到的是幾乎都亂講。

經過口耳相傳，目前宮壇沒有什麼信眾，收入很微薄，我實在養不起這群和尚，且在一個月前我給了點小錢，請他們回去另覓去路，所以我想重新開啟爐灶，想要再雕刻幾尊武神去鎮壇。現在很頭痛的是起駕跳乩時，鬼魂會不會再來擾亂宮壇，會不會來附身佔乩。

我聽完後回這位宮主，妳未免想得太天真了，妳宮壇沒跟那些鬼魂妥協，祂會附身跳乩原因在哪裡，尚未溝通清楚，妳看它會放過妳嗎？何況敢侵入妳的宮壇會是一般善鬼或小鬼嗎？妳應該在利用跳乩鬼魂附體時，問它原因在哪裡，最重要的是妳的宮壇在墓旁，有沒有佔亡魂的墓居才是重點，妳膽量也過大的，再雕個武神鎮壇就想要安寧辦事，若是鬼反噬時妳宮主的命都難保，要知道神好協商，鬼魂是難纏的。

婦人跪地哭呼喊救救我

筆者曾在北市一家宮廟洽談事情，在談話中忽然走過來一位五十多歲的婦人，跪在地上哭喊救救我，當時有四人看了都傻眼，四人互相對問發生什麼事，沒有人知道。此時我就開口說妳發生什麼事，起來講話看什麼事。婦人邊哭回說她後面跟一個人，披頭散髮很恐怖，我走到哪裡它就跟隨到哪裡。我就問婦人那鬼魂是男是女？婦人回說我已嚇到心臟都快要跳出來了，看不清楚，我住院一個月才剛出院三天，身體還很虛弱實在沒有力氣，更沒有勇氣看它。我就問說妳從哪裡來的？婦人回說新北市的金山要來請教濟公禪師。那妳要請教神明，濟公禪師會保護妳妳不要怕。

此時婦人又跪下哭喊你要救我。老師隨即問婦人妳怎麼指定要我救妳，這裡是宮壇跳乩問事場所，且我是來做客的，縱是要救妳也要經過宮壇主事者同意，我不可隨意動手請婦人諒解。

話說完宮壇主人開口說話，你先幫她驅除鬼魂一下，我就隨即點了三炷香，七張壽金對折三角，開始催符唸咒，將婦人跟隨的鬼魂驅離，隨後婦人拿了一千元的酬金。我回說我不可以收妳的錢，妳應該給宮壇主人。宮壇主人也不好意思收。我就跟婦人說那妳就等一下，乩童起駕問事時，將一千元當添油香錢。

事經過七天這位婦人找上門來，轉述請教濟公禪師說，外面纏到的鬼魂，又說這個鬼魂是惡鬼，才敢進入宮壇，當晚乩童有幫我處理，可是回去第三天那鬼魂隨時隨地都跟在一起，我真的嚇破膽了。其實這個鬼魂在三年前就偶爾跟一次，不是每天就是啦，三年來常問神都說卡到陰。老師就向婦人說事已三年若神處理不靈，妳應該找道家法師嘛！婦人回說身邊沒什麼錢，道家法師開的價錢都好幾萬元，有的開到快二十萬，實在我做不到，今天來找老師你，請你大發慈悲救我。

妳怎麼知道我會驅鬼魂？婦人說那個桌頭偷偷跟我講的，電話、地址也是他偷偷給我的。我即回說既然是這樣，我也不開價就幫婦人做處理，法事完婦人也很識相，給了三萬六千元的酬金。

鬼魂破壞姻緣五次相親難成婚

在嘉義民雄鄉下有位年輕人，時齡二十七歲，巧遇筆者南下辦事，其父開口問說老師我兒子，昨天去相親，你看他這門婚事會不會成。我就回應說無能成婚。其父回說自當兵回來已相過五次親，怎麼相親都是不了了之，到底是怎麼回事？我就回說沒怎麼回事，你注意看，他眼帶兇神，臉色已脫氣，且他的脾氣像不定時炸彈，偶遇不順回嘴都很兇，又脾氣很大，難道你做父親的看不出來嗎？別人有三魂七魄，他四魂八魄都有。其父問說怎麼跟別人不一樣。我回說他已被鬼魂卡身，整個人精神有異狀，他相再多的親都不能有結果，因被女鬼魂佔為己有，不相信的話問給你聽。

你今年二十七歲交過幾個女朋友，縱然有交到女朋友也一個一個的閃開，都會嫌你口不擇言，回話很兇。其實你本性沒那麼壞，有人在幫你回話，所謂的人不是人，是鬼魂啦！憑什麼說是鬼魂，你晚上在睡到半夜，會有女鬼魂來跟你做愛，等到醒來內褲都畫金門、馬祖地圖，有嗎？

這位年輕人回說，我去台中給人算命說卡到陰。我續說你卡到的是冤枉死的女魂，且已有三年之久。話講到這裡，他全身發抖口吐白沫，人就昏倒在地，旁有五人看了很急，說趕快叫救護車送醫。

我回說就算送醫鬼魂不退，醫生也拿它沒辦法。先讓他躺一下，將他的頭拿東西給他墊高就可以。

躺在地上嘴喃喃自語，又眼淚直流，口吐白沫不停，鄉下人看到這情景嚇到神情很緊張，我請大家不用怕。這女鬼魂應是為感情喝農藥自殺的。

約過半小時那鬼魂附在身上開口講話了，我明明就很愛他，你們為什麼要阻撓我，我已經跟隨他三年了，他也答應我要娶我。

此時我就插嘴罵這鬼魂亂講，陰陽不兩立，妳定是想要冥婚是不是，再說他尚未有婚娶過，怎能與妳冥婚。

旁人就插嘴說，他是男的怎麼語音是女人的聲音。我回話說當然女鬼卡身回話是女聲嘛！

此時我就再罵這女鬼魂，限妳三分鐘後暫時退離他的軀體，若有不肯讓我動手，妳會叫天天不靈，叫地地不應，相不相信由妳。

話講完那女鬼魂回話說那麼兇，我走就是了。等鬼魂退了離去，這位年輕人也醒過來，發了很大的脾氣，將自己的皮鞋脫下來，用力的甩在地上且破口大罵。你們在整我是不是，此時那女鬼魂又附上身，說你們沒有給我一個交代，我不甘願。

依我看這女鬼魂也來者不善，就開了兩個條件給她選擇，一是明天下午兩點妳準時來到犯者居住處，請犯者家人準備一些祭拜供品獻化紙錢，給妳鬼魂受納，再請地方土地公開路，請引魂童子，引魄童郎，帶妳去附近應公廟歸位。二是將妳鬼魂打落十八層地獄，讓妳永不得超生，且什麼都沒有，將妳鬼魂轟到妳魂飛魄散，兩條妳選擇前條或後條隨妳。

此時鬼魂即跪下回說兩條我都不要，哭了出來。我罵了鬼魂妳真是惹人生氣，逼我動手妳才甘願是不是？不等鬼魂回話，我即腳踏罡步，手掌雙五雷作勢要轟出時，鬼魂即哭求不要轟出，給你做主就是了。好，那妳鬼魂記得明天下午兩點準時到這裡，鬼魂退了犯者也醒過來了，所有過程結束了。

房間當囚房監禁拜貓屍骨十二年

貓、狗都是有靈性的動物，日本有位自年輕二十一歲監禁自己十二年，在這十二年當中不進不出，家人不得靠近，每日三餐吃飯、沐浴均在房內，家人要給飯吃，只在門下方挖一個橫向長方形洞口，飯菜像牢獄用推的進去，平時家人只要靠近或多講話，多看他一眼，會被打到鼻青臉腫。據家人的轉述，房間的腥臭味是讓正常人無法忍受，更換下來的衣服都由洞口推出來，讓家人幫他清洗，要幫他清理房間均遭拒絕。自己在十二年前，從外面取回兩個貓的頭顱，搬進一張小桌子，設香壇每天早晚就拜個不停。家人屢勸不聽也拿他沒辦法，在精神異常那段時間，到過各大醫院看精神科醫師，都沒能改善，也飄洋過海到台灣來請教神明，也沒得到改善。在這十二年就是天天點香膜拜貓頭顱，又喃喃自語不知在講什麼，沒人聽懂他的話。家人說他有一個很奇怪的動作，就是從門上方由玻璃透明處看進去，時常抓著自己的陽莖生殖器，也發現在內褲沾有穢物，因不能接近他，問話也不回話，其他就不知了，也放任他不管他了。

鬼魂附耳講話騷擾十年無心工作

有位陳姓年輕人二十一歲時，被鬼魂附耳講話至三十一歲，在這十年當中身體無大病，據這位陳姓轉述，十年當中被鬼魂白天吵晚上也吵，好像在聽收音機一樣，聲音吵雜中約能聽出老人的聲音，年輕人的聲音，男男女女都有。吵到心情都要崩潰了，每天精神都不集中，天天恍恍惚惚走路不穩，偏左偏右瘋瘋癲癲的。家人起先還會關心，去宮廟問神明，吃個符水精神會恢復正常個幾天。前三年家人會擔心，現在家人都放棄了，目前只吃精神科醫師開的藥。在一年前經人介紹，找上佛家辦法會消業障，花了一百二十萬元的消災法會，沒有起色也沒改善，現在打詐騙官司。

話講到此我隨即問陳先生，依我的經驗你有一點沒講到，這是重點，鬼魂既會附耳講話，就會讓你做春夢，時常在夜晚睡覺時與你同做男女性慾關係，每次夢洩完你的內褲就濕了，天亮時內褲已畫地圖了，你的臉色肌黃就是這個春夢引起的。

此時陳先生笑了出來，連說老師你不知道這種春夢快感太好了，有時連續來，有時會停個一星期，鬼魂來做愛可說是夜夜春宵，那種快感實在難以言語來形容，真的太好了。

此時我罵了陳先生一句，人說要死不知躺下去就是你，那鬼魂慢慢吸取你的陽氣，致使你會瘦到皮包骨，長期下來會變成廢人。

陳先生又說常在作夢中出去夜遊，都有美女陪在我身邊，每次夢醒隔天都是昏昏沉沉，走路像喝醉酒一樣，請問老師這有什麼方法可解決嗎？需要做法會嗎？

聽到做法會我就火大，回陳先生你家是不是錢太多了，佛家及道家做法會是常有的事，但鬼魂層級沒那麼高，做什麼法會，若有人跟你說幫你做法會鬼魂才肯走的話，那是設局騙你的。陰間的鬼魂層級低，要求不高，只要懂得跟鬼魂溝通，問題就很容易解決，你回去再思考一下，做法會或做法事，只差一個字，花錢方面差很大。法事頂多準備一些祭品，化些鬼魂紙錢，道家法師有他的道法做事過程，沒有必要做法會浪費金錢。

天天提公事包街頭闖蕩說是總統秘書

北市有位呂姓中年人三十二歲人生，街頭闖蕩有五年之久，一生立志做官很有威風，書讀得高，肚子裡面有文章，必受高官重用，領受國家俸祿要為民服務，才不致枉費一生。

你們看我每天提著公事包上班，我是總統的秘書有多威風，你們的子女要讀就讀法律系，以後畢業才會有前途。看到作怪的人要請他來為民服務，也可以賺錢三餐吃魚吃肉，出社會是個上等人，別人才看得起我們。

說到此我回問呂姓犯者，你滿腹的文章與詩言，我看你房間之雜亂有多久沒整理了，且你應該常吃泡麵嘛，你看免洗的保麗龍碗都亂丟，哪是你說的三餐吃魚吃肉？又你公事包裝的大概都是廢紙，哪是公文啊！

你父親說你已有五年天天在街頭闖蕩，哪有國家俸祿可領？又是街頭亂罵人哪是為民服務？好啦！你所講的我姑且暫不予置評，你父親說精神科醫師，說你是人格分裂症，我也暫時相信。但我從另外一個角度來講，醫學的理論與道家的見解不同。

我請問呂爸爸在這五年當中，有沒有前去宮壇求神明，呂父回說有啊！有人說哪裡的神明很靈，就去請教神明，神明大概都是指示卡陰，在這五年之中也花了不少錢，可是我兒子每天都在胡言亂語，街上亂罵人讓我頭痛不已，請問老師這有沒有救？我就回說若依照醫學理論我不敢說，卡到陰邪，孤魂野鬼，循道家法事程序，足能恢復正常，請呂先生你可考慮道家，幫你兒子做法事處理。

野外撒尿鬼上身四肢抖動不停

年輕氣盛什麼都不怕，家住桃園八德的一位服役阿兵哥，在服役一年多即將退伍的曾姓年輕人，自己陳訴卡到鬼魂已有一個多月了，整個人就是昏昏迷迷，四肢無法控制的抖動不停，抖到累了就昏睡。軍方通知家人前去辦病假回來休養，父母極為關心著急，到處求神問卜，神明指示亂撒尿犯到孤魂野鬼。曾姓回想判斷應是上野外課程，同袍在尿急時均同樣撒在山林邊，怎麼只有我會卡到，就一直想不通。起先發作也有送軍醫院治療，軍醫說沒病，可是人是昏迷的半清醒狀態，耳朵也有人男女都有，整天一直罵個不停，剛開始罵聽到煩了，就取來棉花塞住耳朵，一點用都沒有仍然是聽得見。在耳朵尚清楚前，四肢尚未抖動前，連續做了幾個春夢，都夢見有女人來淫姦到發洩，夢就醒了內褲也濕了。起先不很在意，因人精神尚穩定沒有異樣，但自發作後偶爾也會做春夢，一次都來了二至三女魂，雖夢中知道鬼魂已來，要喊也喊不出來，要踢它全身沒有力氣。

老師聽完所有的陳訴後就建議曾姓父母親，鬼魂會穿梭陰陽兩界，而且鬼魂是不講理的，只要你冒犯到它，即會採取報復，你們還是考慮跟鬼魂妥協比較好。

曾姓父母雙親同意妥協，但不知道用什麼方法妥協。我回說簡單的說只有將鬼魂吊出來問話，問它鬼魂要什麼條件才肯放手。此時曾姓家人同意，就隨即準備就緒開始催符唸咒，過程約二十分鐘，鬼魂即上身。

老師問：妳女鬼魂與曾姓有什麼恩怨，纏在他身上讓他整天手腳抖動不停。

女鬼魂回說：他撒尿撒到我全身髒兮兮的，他不會失禮嗎？他活該。

老師問：今天請妳出來就是要向妳道歉的，妳原諒他的無知，等一下先化燒一些鬼魂經衣，妳先受納且將髒衣服換掉，換衣前我先化一張請淨符，淨化妳的魂身，妳可願意接受。

女鬼魂回說：全身髒兮兮的越快越好。

老師問：妳鬼魂暫不要退離他的軀體，我先幫妳淨化乾淨讓妳感覺舒爽。

（等約十分鐘再問鬼魂）乾淨了嗎？

女鬼魂回說：乾淨了，謝謝仙師，我要走了。

老師問：妳暫且不要走，還沒有談好妳有什麼條件才肯放手，妳現在走了也等於沒有解決問題。

女鬼魂回說：我們三姐妹要三套洋裝你做得到嗎?要漂亮一點的，其他由你們做主。

老師問：共三套洋裝原則上答應妳，再擇個吉日準備一些菜飯，一些鬼魂紙錢，祭拜妳一番，到時焚香請妳來受納，但有個條件，妳受納後要將曾姓的三魂七魄放回來，不得帶走他的一魂一魄，妳可要記得。

此時鬼魂退離軀體，人也清醒過來了，到此結束。

被鬼魂附身昏迷求醫問神仍癱軟

少女十八歲當在唸書中，學校老師發現邱姓學生上課中，常常在昏睡叫也叫不醒，長達二十二天情況類似相同，被同學笑稱睡女，老師發現情況不對，通知家長帶回，同時向學校請假半個月。據邱女母親轉述到醫院診治沒病，又轉到兩大醫院檢查身體，同樣檢查不出病因，續後經人介紹前往宮壇請教神明，神明指示卡到陰邪，就委託那宮壇幫她做法驅陰邪，沒有起色精神仍沒恢復。續向學校再請半個月病假，再轉別家宮壇求神，兩家神明說法相同，續委託驅除陰邪。其母很著急已向學校請假一個月，至今天是第二十八天，邱母經人介紹前來找我查看，邱姓學生來時是不能走路，邱母用揹的走上三樓。

經我仔細觀查一遍後，發現邱女半昏迷狀態，面宮之氣色已脫氣，雙眼半瞇，全身癱軟，又不言不語。經我觀看後向邱母反應說，這種狀況比卡陰邪嚴重。邱母聽到這句話急到哭出來，問說老師到底有沒有救，醫師沒能醫，兩家宮壇也幫她驅陰邪了，老師你趕快講啦！

老師回說，人有三魂七魄，十二元神，妳女兒是被卡陰邪沒錯，但她魂魄被鬼魂帶走了，若是沒處理好會成植物人。此時邱母哭得更慘，我請邱母先冷靜下來，再續述說妳託宮壇除陰邪是不對的，應先吊妳女兒的魂魄回來附身，再做驅陰邪的動作才對，妳女兒已失魂魄全身癱軟一點力氣也沒有，這不像植物人嗎？一般被陰邪卡身的舉動，一種是精神失常無能控制自己，變兇悍打人或罵人，一種是人失神無能工作，依妳女兒的狀況是先吊魂，再驅除鬼魂是有救的，請放心過程一步一步來，不要急。

騎坐棺木送葬致精神失常跳樓亡

為展現結拜兄弟情，喝酒藉點酒意展現英雄，騎坐結拜兄弟的棺木送葬，不聽眾人的勸阻，反說我們兄弟情深，坐在棺木上胡言亂語，引亡者不滿索吳姓的命。送葬後的第三天整個人即失魂，精神反常的自言自語，且大鬧其家人及妻子，日夜顛倒又在睡眠中，忽然起床說要跳樓死再去陪結拜兄弟，情緒極為不穩定，鬧得家庭雞犬不寧。家人著急前去宮壇求教神明，神明指示陽人坐棺木犯大忌，亡魂索命關難過，這話一出引起吳姓不滿，即與宮壇主持爭吵後，將宮壇天公爐推倒，再撒尿在天公爐內。該中年人帶著一點酒意大鬧宮壇，眾勸不聽，當眾侮辱神明罵難聽話。

回家經過十多天後精神失常失去理智，胡言亂語大鬧家庭，送到精神科醫院就診，醫師無法控制吳姓病患情緒，就醫期間在院內白天在地上爬，夜晚入睡噩夢連連，常嚇到起床大喊大叫。據吳姓跟家人反應，夜晚噩夢中見到牛頭馬面。

家人前來請教筆者，我回說夢到牛頭馬面是不祥之兆，陰間的牛頭馬面專捉鬼魂逃犯，陽人不孝父母，對諸神不敬、侮辱等，況且吳先生撒尿在天公爐是對神極為不敬之舉，若能度過七七四十九天，那是萬幸，度不過要有心理準備。

事過一星期後家人又來，講得很急，說近日常夢見一高一矮，一白一黑，兩人來找他，現在每到夜晚就發狂，自己不睡也鬧到他人無法睡，請問老師這有沒有救。

我回說除非吳姓病患能從醫院請假出來，抑或辦理出院，否則神仙也難救，因一高一矮，一白一黑，以道家所了解，是陰間的黑白無常，這兩人是鬼魂將軍，專捉捕惡魔鬼怪，吳姓病患可能難逃一劫厄。

經過第四天家人即電話傳來訊息，說吳姓病患在醫院抓狂，跑到十六樓頂跳樓身亡。

打坐引鬼纏身說要蓋廟給好兄弟住

桃園中壢有位中年人，平時經營美術燈行業，不知從哪裡學來自己天天打坐禪修，當這位某商人來館的第一句話，即說今天來請問老師，廟要怎麼蓋才有氣派。我即回說，你不要開玩笑啦！看你滿臉昏黯，又雙眼無神且目不轉睛，你應該是經商失敗講狂話嘛！老師我有工廠在生產美術燈具零件。話講到此，黃先生自己就從椅子上溜到地面坐。我見狀即問說你怎麼了起來坐好。回說你館裡的神明很兇。我就回說我看不是神明很兇，是你把你身邊的好兄弟都帶來，好，我問你，你說要蓋廟你知道嗎？蓋廟須有很大片的土地，也要有上億的金錢，不足的話還要募款呢！你地在哪裡？你錢在哪裡？你滿面氣色已脫氣，依人相學研判你沒有錢啦！

有啊！黃先生回說我爸爸分給我是工廠，分給我哥哥是山坡地，工廠拿去貸款，再和我哥哥商量提供土地出來蓋廟。好，我問你，工廠能貸款你就不會滿臉昏沉無氣，更何況山坡地是你哥哥的，縱有山坡地，政府主管機關也不一定能核准蓋廟。講到這裡，這位黃先生開始由嘴裡發出，喔~喔，打嗝的樣子。

我問你是不是神來扶駕，回說我是關公來扶身。老師就回說亂講，關公不跳乩的，若是陰兵邪將來扶你的身，我就相信啦！不然就請問你何方神聖，請回我的問話。

喔伊是我們的好兄弟，答應要蓋廟給我們住。老師聽了認為不是神，既不是神也不是神兵神將，你既來了把話講清楚，神也好，陰兵邪將也好，若不講清楚我就以雙五雷伺候你。

此時黃先生全身站起來有點發火，我是神將。我就回說若是陰兵邪將我就相信啦！那你知道這苦主黃先生已是業敗財盡的人嗎？我告訴你你找錯人了，勸你三分鐘內自動退去，否則被修理的是你，不是他。

鬼魂回說今天來了要把條件講好。我就回擊說談什麼條件，你不知好歹，你是來鬧的嗎？我馬上起身站起來，腳踏罡步雙手掌五雷指，指一轟出乩身就暈倒在地上。等回魂站起來時問說剛才發生什麼事，老師回說你不知道嗎？

黃先生說我是全身發抖頭暈暈的半清醒的狀態，但什麼都不知道，我問你曾有答應說要建廟給這些無形的住嗎？回說我知道身邊有很多鬼魂如影隨行，走到哪裡就跟到哪裡，晚上都沒辦法睡覺，真的很煩身體也很疲憊，不知怎麼辦才好。

我要更進一步的問你，到目前這種田地你工廠還能留得住嗎？黃先生回說工廠有貸款一千五百萬，現已被法院查封，最近可能會被拍賣。那你怎麼還答應那些鬼魂，說要建廟給它們住，不要亂許願嘛！

黃先生回說它們晚上鬧我，白天都跟隨我，都附在耳朵對我說會幫我賺很多錢，我才說負債能還清，我就蓋廟給它們住。你可要注意鬼魂是不講理的，一般向神許願都不一定能如願，何況你向鬼魂許願，那些鬼魂不纏你才怪，話講到此希望你好好保重。

鬼魂附耳講話要剪刀剪棉被

從南部上台北就醫，在住院期間被鬼魂附身，又附耳講話，操縱病人趕快將被單剪破，要照護的家屬拿剪刀給他，家屬急電請筆者前往探看怎麼回事。到醫院時是晚上十一點三十分左右，據家屬轉述病人已三天兩夜沒睡覺了，口中唸個不停，剪刀拿來我把被單剪成兩半，一半鬼魂要蓋。我聽完回應家屬，大醫院常有病患死在醫院，魂魄會流連忘返，再判斷病患死時有可能是裸體亡故。老師再問病人你已三天兩夜沒睡，現在身體應該是很虛弱，也會產生幻想，請問你耳朵聽到的聲音，是男是女。病人回說聲音很雜，男女老幼都有，整天都好像在聽收音機吵個不停。

我在聽完所有的細述後，答應病人我先催符唸咒，將鬼魂驅趕離開你的肉體，讓你能入睡，我明天下午約五點再來幫你處理一次。第二天去到醫院病人尚在睡眠中，就叫醒病人再做一次的驅趕鬼魂動作，續交代病人出院後，回到南部須找懂法事的道家，幫你祭解一番，你既被鬼魂纏身鬼魂會干擾，家人也難得安寧。

病人出院後沒當一回事，在四個月後即傳來一個訊息，說病人的太太在某一天晚上沐浴出來，地面平平的自己腳絆腳，跌在地上手腳就骨折，這時才肯去求道家與神明，此後之事就不清楚了。

十八歲青少年內褲長期畫地圖

尚在就學平時就很頑皮，不守規矩常尿急就隨意亂尿，在十八歲那年就被鬼魂整的夜夜春宵，整整兩年時間，不能好好的讀書，除了吃及睡外整天在客廳繞圈圈，且不言不語的度過兩年，父母親很著急請教過無數的宮壇神廟，也求助過道家，到二十歲之齡仍未見改善，每天精神恍惚六神無主的一天過一天。其父母在有一天經人介紹找上筆者，我前往去探看林姓少年，發現林姓犯者滿臉無神又反灰黯，且淚堂謂稱下眼胞昏黯反黑之氣色，即向林姓父母反應，這是亂撒尿冒犯到鬼魂所引起的，若你們有注意到的話，他在晚上睡覺會有女鬼魂與他同眠，且他換下來的內褲會畫地圖，原因出於女鬼魂會姦淫他，使他夢洩且睡覺都在昏睡中。

其母回說喔這有啦！在洗衣服時有看他內褲都沾有穢物，但問他都不回應也拿他沒辦法。此時林姓父親接著說，有去買好多本經書回來，要他唸經書會較快好，可是他都愛理不理，我每天早晚都唸經迴向給他，講到此就去書房搬出十多本經書出來給我看。我即問林先生你唸經迴向給你兒子有多久了，回說約有兩年了。再請問你這兩年你兒子的精神狀況有轉好嗎？回說有差一點，這時我有點火大，回罵林先生你這在唱歌講故事，給孤魂野鬼聽，你這迷信的家庭鬼最喜歡，再迷信下去你兒子就無救了，你只有兩條路走，一是尋求精神科醫師，二是尋求道家法師，唸經只能慰藉不能醫治，若你繼續執迷不悟，只是把你兒子催死而已，話講到這裡，請再三思。

陰邪纏身每到黃昏就跳乩胡言亂語

北縣蘆洲有位中年人，每天無所事事，一到黃昏就忙的不得了，雙手動作很大，口中唸個不停，據其母說這種情形已有三年之久，問神無解就放任隨他去。白天都會出去街上亂走，一到黃昏就知道回來在客廳亂跳，家人吃了很多的苦，醫師也無能醫治，有行家說他講的是天語，但也無人聽懂，平常看他很孤獨不與人講話。

王母經人介紹前來找我，拜託去王家一趟，我也答應隔天下午前去。去到王家王姓犯者剛好又在跳了，約看了十五分鐘左右，老師就進前問你是何方神聖，請報名來，神報神，鬼報鬼，不得吃名詐姓來騙陽間，若是敢騙五雷轟你下地獄。

此時停頓下來沒動，口語也停下來沒唸，我就再問可見你非正神，才怕下地獄，你據實報上是陽神或陰鬼。沒反應。再問我幫你開喉可讓你回話好嗎？點頭。隨即幫他開喉後，回了一句話，對不起。

我就回問說你沒講清楚是陰是陽，若是陽神要跳乩我幫你扶正，若是鬼魂我幫你歸位。鬼魂回說我是經過百年修練的鬼王。

你既是鬼王也纏了王姓犯者三年有餘，請問你的用意在哪裡，有何目的。鬼王回說他侵佔我的山洞鬼居，我侵佔他的軀體，我倆是同好修練者。

那我請問你鬼王你的山洞在哪一座山頭。鬼王回說我講了你會去破壞我的洞居。老師問你不講事情不等於是無解嗎？

這樣我開個條件看你願不願意接受，請冒犯你的王姓向你鬼王道歉賠不是，準備豐富的祭品向你鬼王祭拜一番後，你答應離開他的軀體嗎？日後不得再與王姓相纏。

鬼王猶豫很久不回應，續後回說要考慮，我要走了。我隨喊說不准走，先講好再行離去，你不要惹人生氣，你也沒有選擇的條件，只能接受王姓向你祭拜及道歉。

若是再不接受，就以五雷轟到你魂飛魄散，看你怎麼走，再看你怎麼修練。

我希望你鬼王能以妥協方式接受，雙方都得到好處豈不是很好嗎？給你三分鐘時間考慮。

續後鬼王回說好，由你道師安排，隨即退離王姓軀體，王姓也清醒過來了。事後老師問王姓你有去哪個山頭禪修嗎？在山上有沒有許願過什麼嗎？此後你還敢上山去禪修嗎？

王姓回說四年前，我確有跟三位同好朋友，去走了好幾個山頭，找山洞靜坐禪修，也不知道在哪個山洞遇到鬼王，我三位朋友倒是沒事，但我自會發作亂跳就不敢再去了。

釣魚池被下屍骨詛咒鬼吃魚

有位曹姓商人在北縣靠近海邊，經營一家具相當規模的釣魚池，經營的有聲有色，釣客天天都有兩百人以上，魚池養殖了多種名貴的魚，非常受到釣客青睞。業主眉開眼笑，要再擴大營業又開了新池，請了地理師堪查地形、客人走路方向、收銀檯方向，新池開幕後生意更加興旺，引起地理師眼紅，除了拿酬金外再要求顧問費，原本業主也同意給付，但以一年為期。一年後生意已較淡，就終止地理師的顧問年費，引起地理師的不滿，就前去魚池邊祭拜燒化金紙，被業主發現，問說你怎麼來這邊祭拜。地理師回說，有釣客在魚池邊跌倒失魂，今天是受委託來吊魂魄的，業主聽完也不很在意，事過半個月後欲哭無淚，整個魚池的魚全浮在水面，魚缺氧一天兩天就死了很多魚。

業主將死魚撈起來，魚都有互咬傷痕累累而死，業主就將池內的水及養魚飼料取樣化驗，結果水與飼料均無毒，每天死掉的魚損失約十萬以上，前後有長達兩個多月，估算損失約千萬元左右。據曹姓業主轉述，在這兩個多月期間有另請地理師，前來探看究竟，要破解鬼吃魚均無解，釣客也從一天有兩百人以上，到目前是零釣客。

事情發生的開始時更慘，有位老釣客釣到大隻的魚，因魚的拖力過大將釣客拖下魚池淹死，也賠償了幾百萬。業主邊說邊掉眼淚，所開發魚池耗掉近億元的成本尚未回收，又被這位不法邪師惡整，又損失又賠償合計有一千多萬，現已耗盡家財。

又找了老師你是第三位道家法師，這次比較幸運，在魚池邊岸找到被放屍骨處，邊岸挖了一個小洞，內有屍骨及銀紙及符令。道家法師建議業主反擊，但下手不要太重，將屍骨炸油鍋，作法時請鬼魂回去找主人。續後第十三天傳來好消息，那位不法邪師開車路途中，忽腹痛難耐人暈倒，被送進醫院掛急診。更讓業主高興的是反擊後的第三天，魚不再浮水面，也沒有魚互咬鬼吃魚的事發生，自此平安無事了。

鬼魂纏身滿臉反黑醫院不敢收

有位胡姓中年人家住新竹，因工作關係上山被鬼魂纏身人昏倒，且滿臉反黑緊急送醫，結果新竹醫院不敢收，再由救護車轉送台北某大醫院，送進急診室就醫。胡姓犯者的哥哥表示，弟弟平常很健康也沒什麼病狀，怎會臨時那麼嚴重，拜託筆者前往醫院探病。經進急診室探看後，犯者滿臉反黑，眼睛的白睛往上吊，看起來有點嚇人，整個人趟在病床上不能動，又目不轉睛，也不能言語。胡姓犯者哥哥急的半死，直問像這樣有沒有救。我回說有救，因他雖滿臉反黑但口唇尚有微紅，不至於死，再建議邊就醫，邊以道家法術救助。

那現在情況危急不可出院，再觀察幾天，若是病人平仰不能動彈，眼神木訥，口唇反黑，表示這病人無救。病人若能覆睡，眼神能動，口唇尚有微紅，表示這病人有救。兩者一死一活，胡先生你再等個十天左右，依我個人的經驗，人若是卡陰邪，暫時性的就醫尚可，畢竟鬼魂附身是要以道家法術，驅除鬼魂離去病人才能恢復健康的，以今天你在急診室所看到的應是無救，但經醫師急救能拖過三天以後，眼能闔且知餓或飽你就可放心了。

厲鬼纏身精神異常打人不眨眼

有位年輕人時齡十八歲，身高一七五公分高，體重約有八十公斤重，身材魁武有力，家住桃園新屋，相約幾位同學夜遊墓仔埔，尿急隨意在墓地撒尿，回來一星期後精神變異常，六親不認，好友不認，雙眼展大臉帶兇，見有人靠近就打人，家人及好友都避之唯恐不及。

家人將他送去療養院治療，仍見人就打，後來被醫護人員綁手綁腳，精神發作時連醫護人員都打，住療養院住了六個月之久，醫生仍無法控制病情。家人到處求神仍苦無對策，後由人介紹前來找筆者，當我聽完家人的轉述後，回應家人除非你們能向療養院請假回來，再通知我前去查看。

事經過十二天家人聯絡我前去，到時看見犯者被家人用一條鐵鍊，綁鍊在腰鎖在房間，一見到我時雙手握拳欲做打人動作，舉動很兇悍，見狀我也不敢太接近，在觀察約十五分鐘後，隨即化燒一張驅邪符，喝一口符水噴向犯者，不到兩分鐘犯者整個人即軟化下來。

家人問說老師你是噴麻醉劑嗎？回說是符水啦！鬼魂被符水噴到只是暫時退離，他現在人也是暫時昏迷，你們要注意不要太靠近，若鬼魂回來再附體會更兇。我現在餵他喝符水，鬼魂暫時不敢再來附體，我另外留下十張符令，你們家人每天化一張陰陽水給他喝，十天過後沒再發作，我才來幫他作法處理，你們家人再跟我聯絡，今天的事暫告一段落。

筆者曾被鬼魂毆臉幾下數不清

筆者曾受犯者家人委託，前往桃園探視被鬼魂纏身之年輕人，林姓青年被惡鬼纏身已有近一年之久，精神異常到六親不認，見到人進入他房間不管是親人或外人，即隨手取身邊物丟人，及甩東西嚇人，無親人敢靠近他。

筆者第一次前去不小心的被他拿拖鞋甩中胸部，見他兇悍之勢讓人有點怕，無人可問他話，縱是問他話也都拒回應。在無計可施下，心裡已有準備隔三天再前去，看他孔武有力需要準備幾人。

第三天去準備了六人前去，筆者打前鋒先請犯者起床，起來刷牙洗臉後可吃午飯。不但不理隨即露出兇狠之臉孔，跳下床與我作對。我看情況不對，隨即腳踏罡步，左腳前右腳後，雙手掌五雷指，左手前右手後，同時身帶五雷轟邪符保身，在我進到第四步時，鬼魂已無路可退也撞到牆壁。

此時鬼魂開始頑抗雙手握拳，要我退我拒退，鬼魂即出拳打我臉，打臉的速度如打鼓，打了幾十下不知道也難數的清，之後我隨即進攻，左手伸出前去勾犯者脖子，要將他勾到床上要他躺下。

未料犯者腳步不穩碰到床角跌仰在地上，我就即時壓下，犯者之鬼魂又來了幾十拳，雙手拼命的往上打，在這個時候旁邊的其他五人，一擁而上的將他抬到床上，同時壓住他。我趕忙的化燒一張五雷轟陰邪符，口含符水噴向犯者的頭臉，再請其他五人將他放手，等放手才知道有三人受傷流血。

在這個時候鬼魂軟化下來，說了一句話，無效啦！六個人欺負我一個。這時犯者的媽媽趕到附近藥房買了一支藥膏，上來幫被打傷的人擦傷，續要幫我擦傷。我回說不用擦我沒傷也不痛。這個時候有人說沒傷倒是，不痛是假的啦！

我問說我兩次被打你們都看到，至少兩次加起來也有上百下嘛，請問誰能說被打幾下。其中一位說速度那麼快誰數得清。

講到這裡我告訴大家一個秘訣，我今天來有被打的心理準備，我身上帶有五雷轟陰邪符保身，過程我腳踏罡步，雙手掌五雷指訣，所以鬼魂藉用林姓犯者的雙手打我臉，表面看他的力氣很大，但只要他一出拳打到我臉是空拳，根本是不痛不癢，不相信的話我給你們驗傷，看有沒有傷痕或紅腫。

看完之後五人齊聲的罵我，那你為什麼沒準備讓我們保身。我回說講實在話，我只知我會打前鋒知道會被打，一時沒注意你們後衛也會被打傷，好啦打也被打了，傷的也傷了，一般兇鬼會打人，善鬼會哭啼，再過三天我來吊鬼魂出來對話，此事就此結束。

祭拜鬼魂灑錯符水深夜鬼來抱怨

本人曾在中壢為一位被鬼魂纏身、精神異常的吳姓犯者做法事，在祭拜供品上做清淨灑錯符水，本應要以清淨符水做現場清淨工作，拿錯另一碗破邪煞符水在供品上做清淨，法事過程約有三個小時之長，將結束且在收拾法器與供品時，發現吳姓犯者忽然全身顛抖的動作很大，很明顯的鬼魂再上身在犯者。

老師將鬼魂驅退後吳姓犯者也恢復正常，又來一個灑錯符的半徒師，忽然急喊肚子很痛，我覺得事有蹊蹺，但約半小時後一切平靜，就離開了中壢回到家裡。在當晚也沒有什麼異樣，只感覺有點疲憊，就在晚上十一點上床睡覺，在進入睡眠時不很清醒，半眠半睡夢見鬼魂在抱怨。說今天下午所祭拜的供品它們無能享用，你們沒誠意在祭拜供品上灑陰邪符，講完鬼魂就離開了。

此時我也被嚇醒過來，滿身大汗，想要再入睡整整一晚無法成眠，隔天隨即電話問那位半徒師，清淨祭品是用哪一碗符水，回說擺在電視機上的那一碗。才知道原來是錯的，受到鬼魂的不滿報復，吳姓犯者才會法事辦完隨即全身發抖，半徒師才會臨時腹肚絞痛。過程了解後即與中壢吳姓家人聯絡，說明原委重新再辦一次，費用由我方負擔，後來才知道鬼魂專欺負弱小，不敢欺負有法力之人，只敢抱怨不敢報復。

第三天再去中壢時，將那鬼魂吊出來附在吳姓犯者身上對話。

老師問：你鬼魂托夢給我，說祭品上灑破邪符水，你沒有享用到，那燒化的紙錢有沒有收到？

鬼魂回說：有收到，但沒有吃到。

老師問：既沒享用到，今天重新再祭拜一次，你鬼魂應會高興接受才對，我問你鬼魂有沒有再帶其他同伴來。

鬼魂回說：有其他兩位同伴。

老師問：你鬼魂軟土深掘，你自己請它們離開，否則我以五雷殺鬼咒封殺。

鬼魂回說：它們願意離開，不要轟殺它。

老師問：今天的祭拜時間約一小時左右，你盡享用，法事完再請本境的土地公，帶你去歸位此後不得在陽間再傷人，記得。

三歲小女孩白睛上吊三天兩夜

沖犯喪煞三天沒進食，在新北市新莊的一位婦人急沖沖的前來問，一開口即說老師我的二女兒今年三歲，不知道什麼原因兩個眼睛的白睛往上吊了三天闔不下來，整個人不哭不鬧不進食，現在在醫院吊點滴，全身都不能動軟趴趴的，做父母的真的很急很急，老師你能跟我跑一趟醫院嗎？給我們拜託一下來看是什麼原因啦！

我隨即答應前去醫院看個究竟，去時看到小女孩一動也不動，看到小女孩的口唇周圍反青氣，即回這位婦人說，這是先靈沖煞也就是喪事煞。婦人即回說隔壁在辦喪事，直問說怎麼辦怎麼辦。

回說不要急，你現在回去妳家隔壁喪家，表明一下然後點燃三炷香，向先靈參拜一下，再向先靈擲筊三個筊，同意後再抽香爐七支香腳，化陰陽水來幫妳女兒洗身體，後再到我館裡拿喪煞符，化陰陽水給她喝就可以了。小女孩第二天就清醒了，第三天就辦出院了。

兩歲小女孩醫院吊點滴四十六天是病嗎

三重有位婦人抱著孫女，前來求問筆者說其孫女兩歲，已住院四十六天了，全身軟趴趴的連動也不動，吊掛著點滴，向醫院請假一天，理由是要帶孫女去收驚，經醫院同意。該婦女抱著孫女很不捨的說，年紀這麼小到底是患了什麼病，醫師檢查不出病因，只幫小女孩吊點滴，前後吊了四十六天。

經過一番的查看，其在面宮的山根，在相理方面稱疾厄宮，成人是有三管，管事業、管配偶、管祖先，山根反青氣色小孩子只剩管祖先。看完後回應這婦人說，你們家有動到祖先公媽龕，該婦人回說沒有啊！除了農曆過年會去清擦乾淨外，現在離過年還有四個月，沒有動到公媽龕。

我就回說依經驗小孩山根串青氣，也只能說是祖先方面問題，若是沒有妳看是帶去找別人，抑或送回醫院。該婦人聽完也就抱著孫女離開，再一會兒又抱回來，開口說請問老師。我們現在這個時候在觀音山，做風水在建公祠有沒有算動到公媽龕。老師回說妳也很直沒有風水哪有公媽，沒有公媽龕哪有公祠可建。婦人才醒來說對喔！那現在怎麼處理才好。回應那婦人這是擇日有錯，小女孩沖煞到。

後來話傳到地理師那邊，地理師生氣了來電話罵我，話不要亂講，擇日時有拿她全家生肖，也很仔細的算過，不可能犯到沖煞。我回地理師的話，是與不是由業主自己去評斷，我隨掛掉電話，之後兩天婦女再來求問要怎樣解煞，老師要婦女回去向祖先擲三個筊，祖先有答應後從香爐抽七支香腳，化陰陽水洗孫女的身體，再回來我館開七張解煞符，回去化陰陽水喝，即可解煞。事經第八天該名地理師，提了一盒水果來向本人道歉。

護士騎機車載鬼追撞公車

有位護士經歷五年的護理工作，職務是某大有名醫院加護病房的護理人員，長期在加護病房精神方面天天都很緊張，所看到的病患均是痛苦呻吟，歷經病人傷患生生死死的陰影，習慣了也沒什麼可怕，偶爾會見到病患死了，屍體也搬離病房了，但亡魂會流連不走，看到時雖心裡有點毛毛的，也不覺得有什麼不對勁，長期看多了也見怪不怪。可是在有一天晚上下班，騎著機車在回家的路上遇到鬼魂，就覺得很怪了，當時夜晚九點多，從北市中心回到木柵路約只不過是40鐘，半路途上耳朵聽到有人一直喊叫，催快一點，催快一點，不停的喊叫聲。

自己覺得怪怪的，明明自己騎機車沒有載人，怎麼好像機車後座有人在催，遇到紅綠燈在等時，即稍微轉頭回看後面又約有一團黑影，此時心裡更是毛毛的。過完紅綠燈自己不知不覺的將機車加快馬力，加速的去追撞公車。跌下後右腳下節腿背被機車的排氣管燙到受傷，傷口無大礙，心想明天上班再擦藥就好，依長期經驗擦個燙傷藥，吃個消炎藥，應該就會沒事，傷口很快即會癒合。沒想到傷口一直潰爛，本來傷口約3公分，另一處約2公分，連續天天擦藥，天天吃藥都沒效，連續擦了四個半月，傷口潰爛擴大到約10公分周圓，深約一公分，且紅腫潰爛。自己越想越不對勁，結果將過程描述一遍給父母聽，請父母到宮壇求問神明，經神明指示說是卡到陰，鬼魂在作弄。事經五個多月後自己感覺精神方面極不穩定，有時會恍惚，有時腦海裡會有片段的空白，如缺氧的狀態。自己在回想七個月前，有一位年輕人因車禍傷到後腦，經急救無效亡故，兩天後的晚上撞似那傷患亡故的影像，事後回想見到的那人，是人是鬼印象模糊不清。

老師聽完李姓護士的轉述後，即建議李姓護士，有沒有撞陰邪，目前妳的狀況不很明顯，但約可看出精神不太穩定，老師來幫妳吊看看。是真如神明所指示的鬼魂在作弄，經催符唸咒的過十五分鐘，邪鬼魂真的顯靈出現了。

老師問：請問你亡魂是男是女，是老是幼，報你的姓名來。

鬼魂回：不言不語，只有嘴唇看似微笑。

老師問：你再不開口講話不要怪我動手修理你喔！快講。

鬼魂回：（右手指著喉嚨）啊……啊。

老師問：你不能開口講話是不是，我幫你開喉讓你能說話好嗎？

鬼魂回：啊～啊～啊。

老師問：（過程是動作）好了可以講話了。

鬼魂回：我是男的，是車禍亡故的，我很愛李小姐做我的女朋友。

老師問：愛你的大頭鬼啦！你車禍死就死了，魂應歸陰府，你亡魂還流連在陽間傷人。

鬼魂回：我不甘願未婚就死，我要跟李小姐冥婚，完成我終生的心願。

老師問：你應該回去找你的家人，若你敢再說要與李女冥婚，我就轟到你魂飛魄散，讓你回到陰間鬼魂不成形。

鬼魂回：你道師那麼兇我不跟你講了，我要走了。

老師問：你不跟我講要跟誰講，若你敢現在就走，話還沒講清楚，看我敢不敢將你鬼魂勾回來修理你，你還是乖乖的坐好。

鬼魂回：要講什麼，我已說過我很愛她。

老師問：你敢再在她耳朵講話，催她騎快車，抑或妄想要與李女冥婚，我就把你魂魄打入十八層地獄，讓你永不得超生。

鬼魂回：（停頓不語）續後問那我該怎麼辦？

老師問：沒怎麼辦，我開個條件給你，我商請李小姐家人，準備一些祭品供拜你一番後，你亡魂該歸回陰間，不得流連在陽間纏人。

鬼魂回：好啦！

老師問：既好，我跟你約定再過四天，你自動前往李女居住的地址處，享納祭品及亡魂錢後，你要確切離開李女，不得違背約束，今天到此結束你可退離了。

鬼魂纏身三年半不得安寧

中部有一位王姓小姐，北上求教老師，說到三年半來自己衰到不行，有苦難言，在中部請教過許多家宮壇神明，均未得到改善，也請教過道家法師及命理師，三年半花了幾十萬元仍得不到改善。自己左思右想已到進無步，退無路的階段，上台北請教老師時，列了一張單子的細節，將每個環節提出問老師有沒有破解方法。

一、口舌是非：有事沒事的與人吵架互罵，只要看不順眼，即會不自覺的去跟人罵來罵去，更有一次被朋友造謠，說我在外面詐騙人家三百萬，自己氣到不行要提告造謠者，事後造謠者登報道歉才了事。

二、意外血光：三年半來發生了兩次車禍，命都撿回來的，一次較輕，皮肉傷，但也住院二十多天，一次較嚴重全身多處骨折，住院近兩個月。

三、破財：三年半的時間，零零雜雜花掉約一百八十萬元，又給朋友借騙一百二十萬元，借款要不回。

四、病痛：頭暈，時有整個頭劇痛，肩膀痠痛，腰痠痛，四肢無力。

五、見黑影卡牆壁：常看到人影在房間走來走去，時有人影會卡在牆壁，看似如一幅畫，兩個眼睛在瞪我，看起來很可怕。

六、蜘蛛掉下來壓我：晚上睡覺時常夢見，天花板上有蜘蛛掉下來壓在我身上，有時嚇到起床沒辦法入眠，白天有時看到蜘蛛在天花板上爬，有時會自然的掉下在床上。

七、有時候耳會聽到跳樓：耳朵會聽到有人在跟我講話，聲音很雜，男女都有。有時到下午要黃昏時就有人叫我，趕快去跳樓，自己嚇到渾身不自在，有時嚇到去躲在棉被裡。

八、失眠：常日夜顛倒睡，又一天只約睡不到三個小時，常一天睡兩三次，均無法睡穩也無能一次睡飽很痛苦。

九、記憶恍惚：常腦海裡一片空白，精神恍惚，六神無主整個人像白痴，有時在做事不知怎麼樣自己會停下來。

十、心悶：胸前每到下午黃昏時，心頭都很悶，有時悶到像喘不過氣來，有時像要斷氣的樣子。

十一、聽到噪音很痛苦：聽到噪音時整個人火氣就上來，一直想要找人吵架，在外聽到汽車喇叭聲，自己無法控制會開口罵人。

老師聽完王小姐講了十一句話後，隨即回應王小姐，妳重點在第七句話，要妳跳樓，其餘都無傷大雅，等一下老師來吊那要妳跳樓的鬼魂，吊出來問話，什麼原因要妳跳樓，只要王小姐妳同意。

王小姐即回說當然同意，這三年多來已被整到不像人形，怎麼會不同意，王小姐氣到說鬼若出來我要殺它。老師回王小姐的話，鬼魂顯現是附在妳的軀體，妳要殺它不等於殺妳自己。那請問老師鬼魂附在我身上，會不會很恐怖。老師回說不用怕我會處理。

隨即準備就緒開始催符唸咒，鬼魂約過十多分鐘就顯靈附在王小姐身上。

老師問：你鬼魂既出來了，就講清楚什麼情仇恩怨，要王小姐跳樓。

鬼魂回：（大笑三聲後停了一下）她在風塵賺了不少不義之財，要讓她吐出來再去死。

老師問：什麼叫不義之財，為什麼要她吐出來，你可講清楚一點嗎？

鬼魂回：她在上班的地點老闆有養小鬼，所賺的都是邪門錢財。

老師問：好，大概知道了，我來居中協調，你鬼魂先離開王小姐，我再商請王小姐祭拜你過後，再化些紙錢給你受納，你可願意離開。

鬼魂回：又不是只有我，後面還有幾個。

老師問：你們既然混在一起，你就轉告它們到時我會焚香請一起前來享納祭品及紙錢。

鬼魂回：好啦！

老師問：既好，我跟你約定再過七天，你們可自動前來王小姐居住處，所有過程到此結束，你鬼魂可退離了。

女婢被害深埋古井夜夜悲歌到黎明

據傳百年前諸羅山的打貓鄉下（現今是嘉義縣民雄鄉）有一戶經營菸、酒、鹽的商人，自家附近鑿了兩口水井，家居生活就靠這兩口井做日常飲用水，一口主人專用，一口傭人及女婢專用。這位商人累積了相當財富，生活過得寬裕，家中家務繁多，僱了十多位男傭人，也僱兩位女婢，整理家務及三餐的伙房工作。

這位商人家大業大雜務繁多，每天做不完，兩位女婢從早做到晚，沒有多餘的時間可休息。兩位女婢在喃喃自語牢騷時，巧被主人發現而發火臭罵一頓後，其中一位女婢自卑感重，而喃喃自語的向僱主請辭不做，僱主不但沒准反而懷恨在心，且不時打女婢。在有一天趁女婢到井口打水時，將女婢推下十多尺深的古井內，致淹喝井水而死。

僱主在情急之下，連忙收買了兩位男傭人，將這口井填滿了沙土，又交代對外委稱這口井的出水量太少，須汰舊封井，再重新開鑿新井。事隔一年多，汰舊封井的井口長出一棵香蕉樹來，自此這位富家商人，不得安寧。家中常常鬧鬼，每到夜晚屋內即有鬼魂飄浮，且哀怨的聲音不斷，事傳遍了傭人的耳裡，嚇得傭人一個一個離開。

事隔兩年後那棵香蕉樹長大了，枉死的女婢冤魂就附身在那棵香蕉樹上，每到深夜人靜時，冤魂極哀怨悲歌從香蕉樹出聲，香蕉樹會唱歌很快的傳出，且轟動附近的各鄉村。鄉民就一傳十，十傳百每到夜晚就聚集好奇的鄉民，這位富商發現情況不對，家中又不斷的鬧鬼，一到夜晚就嚇到要魂飛魄散，就急忙打理遷徙他鄉不知去向。

主人走了，冤魂的悲歌並沒斷過，附近鄉民轟動傳言也不斷，每到深夜那口古井，都聚集了鄉民在議論紛紛，時間一久驚動了管區衙門，在衙門動員驅散鄉民驅趕不走，鄉民今晚走了，明晚再來。衙門保警不得已就拿鐮刀要將香蕉樹砍掉，而觸怒了女婢冤魂，深夜昏黯要砍香蕉樹不成，反砍到自己的腳腿上，嚇得衙門保警不敢深夜再去砍。改在白天去要把香蕉樹砍掉，本來香蕉樹的梗莖是軟性的，一砍就斷掉才對，可是手一揮鐮刀都歪向一邊，幾次無能砍成，就不敢再砍了。之後找上該村的保正（現在的村長）前來協商，重新計議商討對策，將古井開挖撿起屍骨，重新安置埋葬枉死的孤魂，再央求村民前來祭拜冤魂，從此冤魂寧靜，哀怨悲歌也自此消失了。

小山崙十三姑發威驚死三人

在嘉義縣的一鄉下農村，地名叫新庄，古時有位富農人家，家財萬貫，富甲一方，農業收穫期須僱請很多農夫及農婦，幫忙收穫農業，家事也前後陸續僱請了十三位村姑稱「查某」，說僱請是好聽，其實是買查某來做家務的。在那時代農家都很貧窮，農家養不起子女，在古時代又是重男輕女，鄉下貧戶農民就把女兒，賣給有錢人家當查某。這位富農起橫心，將買來的村姑「查某」陸陸續續的一個接一個，被先姦後殺害死，又都埋在同座的小山崙。

這故事盛傳的滿城風雨，直到民國時代這故事仍是耳語相傳不滅。在民國時，這十三位鄉下姑娘，即開始發威，在這座小山崙上空常常起雲霧，特別在天陰時黑雲罩霧，鄉間相傳這十三位冤魂心有不甘，靈魂常顯現在小山崙上哭啼。又逢年過節無人祭拜，鬼魂常出現頭低低的在哭泣，繪聲繪影的傳開。筆者當時的年齡僅十二歲，聽多好奇，曾去該座小山崙觀看察堪地形，僅看到山崙三邊種竹子環抱著小山崙，一面靠一條河溝，看不到有墳墓或墓碑，山崙上只有長草極青翠而已。

鄉下人單純樸素的過日，每一到黃昏太陽西下，鄉下農夫、農婦就不敢在附近多留，暗夜更不敢由此經過，這座小山崙被稱為十三房，地方村名新庄也只不過一百多戶農家，就有三位農人死在這裡，且相繼只有三年內，又三人死前都沒病，都是死的莫名其妙。

第一個是五十多歲的養鴨農家人，在這十三房山崙邊的這條河溝裡，養了一千多隻會生蛋的鴨，每天早上八點把自家鴨寮內的鴨趕到河溝裡飼養，下午五點再將鴨趕回自家鴨寮，可讓鴨當晚在鴨寮內生蛋。這養鴨人家為照顧飼養鴨子方便，就在這十三房山崙上搭蓋一間小草寮，可讓自己暫時性的休息。忽在有一陰天的中午暫睡午休，在剛要睡醒來時，面前即站了三位孤魂顯現在眼前，表示要這位養鴨農家，備些供品祭拜她們這十三位列女孤魂。這位農家姓（陳）嚇得魂不守身，拔腿就跑，鬼魂飄浮往前擋掉他的去路，再次表示若是不祭拜她們冤魂，就應該把鴨子趕走，且說你養的鴨子長期在這裡拉屎，臭毛毛，鬼魂表示過後即消失。

事隔了五天，又是陰天的中午，當他午休醒來時，鬼魂又來站在他面前，再次的表示不把鴨趕離此地，不是鴨死就是人死，鴨農就很驚恐，嚇到魂飛魄散，將此經過訊息轉述給同一河溝的其他鴨農。此事即傳開全村民，當陳姓鴨農正要覓尋其他河溝段落時，還沒找到適合的段落，事情就發生的很突然，經過十多天的下午天候濛濛下著細雨，鬼魂就以包抄方式，擋路讓這位陳姓鴨農無去路。陳姓鴨農嚇到渾身乏力的跑回家，邊跑邊往後看，鬼魂就是飄浮跟隨在後面，鄉下的房子都設有門檻，約30公分的高度，正要跨過門檻時，鬼魂擋在前面，嚇到人昏倒在門檻前。自此人連續三天開始生病，且拉青色的屎，第四天人就死亡。

此事傳開全村民議論紛紛，全村人心不安。續後經過一年多又有一位農夫冤死，這位農夫是中年人姓「郭」被僱請看顧幫浦抽水灌溉水田，俗稱「幫浦」是吃柴油的抽水機，啟動後抽水機的聲音很大聲，碰，碰，碰，日夜不停的抽水，吵到了這十三房的鬼魂。在抽水的第三天夜晚，鬼魂有現身來警告這位郭姓農夫，說幫浦的吵聲，日也吵夜也吵讓她們姐妹不得安寧。

這位農夫要發生事情前，事先都有預兆，幫浦抽水每到黃昏時，幫浦皮帶，帶動的輪子，都是無緣無故螺絲帽會自動鬆掉，且輪子掉到河溝裡。起初這位農夫也沒有很在意，就把河溝裡的輪子撈起來再安裝好，繼續再抽水。鬼魂被吵到發火，就在第四天晚上趁這位農夫在睡覺時，鬼魂就招姐妹伴來壓床，嚇到這位農夫趕緊把幫浦停掉，立即的跑回家，等隔日白天再去啟動幫浦抽水灌田，後連續三天都相安無事，等到水抽足田灌好，準備將幫浦抬回牛車上時，右手的食指被幫浦壓在下方，因幫浦的重量約一百五十公斤左右，食指被壓住一時驚慌，使力硬拉出來，結果食指斷成兩節，在那時的醫學尚未發達，這位郭姓農夫平常又有喝太白酒的習慣，所以食指斷掉導致破傷風致死。

這位農夫死的早，時齡才39歲就棄捨妻與子多人，離開人間，當時鄉下的農民家屬不懂法律索賠，王姓農主以道義上的責任，付了喪葬費沒有多餘的安家費。亡者葬後沒有幾天，遺妻轉述出來，在幫浦抽水要結束的前一天夜晚，有夢見十三房的鬼魂來托夢，要這位農夫備些供品去祭拜一番。這位農民天亮時有去反映給王姓農主，王姓農主的反應是水抽到明天就不抽了，等下次有再抽水才買去拜拜就好。這位郭姓農夫也不敢多說，結果十三房的冤魂也不放過這位農夫，就結束了39歲前的生命了。

續後發生的兩個牽牛故事，常放牛在那十三房的小山崙吃草，牛常在那山崙拉牛糞，引起這些冤魂的不滿，起先鬼魂操弄這兩個牽牛互毆打來打去，兩個打架完也是哥倆好。有時操弄兩隻水牛互鬥，在水牛互鬥時，牽牛情急前去要把兩隻牛拉開，兩人通通被水牛亂蹄踢傷嚴重，都送去醫院住院治療。經過半個月傷癒後出院，兩個牽牛又相繼牽牛去，同一地點吃草，引起十三房的冤魂不滿報復，再度將兩隻水牛操弄，讓兩隻水牛相互纏鬥。鬥輸的一隻就逃跑，贏的一隻在後追，兩個牽牛跟著在後追，追到半途停下來，說看不到田梗路，只看到很多姊姊圍住他們兩人，當天又是陰天烏雲密布，即將下雨嚇的兩個牽牛突然哭起來，且在原地打轉找不到路。兩人遭遇到這情景也不懂是碰到鬼，這消息很快傳到全村耳裡，從此家人也就不敢再讓他們牽牛去同地點吃草，雖不敢也沒再去，可是逃不了十三房的鬼魂索命，兩人其中有一位僅十八歲，身體有缺憾，彎腰駝背在家中常受歧視。有一天家母丟了錢，未經查證就直接誣賴在他頭上，說是他偷的又死不承認，這牽牛就受不了長期的歧視與誣賴，憤而將倉庫中要噴灑稻子的農藥，自己拿了農藥走了好幾公里遠的路途，邊走邊哭受家母的冤枉無法洗清。玄的是自己走到那十三房的山崙，喝農藥自盡，等到被一位農夫發現，口已吐白沫，尚有微薄的呼吸。

這件事筆者有幫忙到，聽到消息急趕忙前去查看，當天下午約兩點左右，發現的那位農夫有騎腳踏車，兩人將自盡的牽牛扶上腳踏車的後架上，那條田埂路約一公尺不很寬闊，慢慢的走到一條大馬路上。當時鄉下沒有電話也沒有救護車可叫，鄉下人煙稀少無可討救兵，兩人就商討，大人牽著腳踏車手把，我在後面扶著，從起點走到民雄市集一家小型醫院，有相當一段距離，在路途中就看他已斷氣。很可惜的是從田埂路走到醫院，約有三個小時的路途，時間拖延太久，若能在一小時內尚有救，到醫院時醫師查看說，他眼睛已閉著也沒呼吸心跳，已經斷氣沒救了。兩人又用那部腳踏車將屍體運載回家交由他家人，在運送屍體時沒有感覺會怕，等回家裡才越想越怕，且怕到兩三天都不能入睡眠覺。後來去找鄉下的收驚婆收驚，在這座小山崙所埋的十三姑冤魂，鬼魂發威真的嚇死人，前後有一傷三死，從此之後再也沒有人敢去那座小山崙。

兩隻水牛被鬼魂附身跑去找村長理論

在嘉義縣民雄鄉有一鄉村四百多戶的農村，村上原建有一座廟，廟的右側有棵大榕樹，據傳百年前有位村姑為情難解，上吊在那棵大榕樹下，冤魂無處可申，魂屈守在榕樹，長年累月吸取陰陽兩氣，日月精華而顯靈發威要當神祇。冤魂顯靈找不到任何人幫她做主，村民也不知有這麼一回事，在有一年廟的神明聖誕千秋，村民準備當天神明遊境繞村就緒，在準備要出發時，乩童也就同時起乩。本應和神明繞境的，但乩童在啟程前，先跳回自己家裡，跳進自己臥房開啟衣櫃的右門，門內用白粉筆寫有某年某月某日，有欠某某人多少錢，共寫有三筆欠債，這過程情景筆者親眼目睹。

當時筆者年僅九歲之齡，因年少好奇每逢附近有廟會，都會跑去參與神明全程繞境，又跟隨在乩童後面，在乩童指明第二筆債款五十元，由我來負責還債，當時年僅九歲聽到就怕，趕緊跑到屋外，不一會兒乩童也隨即單腳跳出來，接著就跟隨神明繞村。

通常鄉下一年一度神明聖誕，均會繞境巡視村民保佑平安，在我小時候每逢附近有廟會，我都會去參與，看過很多神明扶乩都很有神威。單單那次目睹乩童唇形是尖尖的，看起來沒什麼神威，且發出的聲音都是，呼～呼～呼，把聲音拉長而已，看起來類似在吹口哨的嘴形，又聽到大人在議論，眾人都說情況好像不太對。在那時的年代鄉下的經濟環境，也沒那麼充裕，沒請法師跟隨，眾村民也不知乩童是怎麼回事，乩童也沒開口講話，村民不知所云。

等繞境要結束前，附近村的廟神乩童，在無預警下，卻衝來五位乩童且全都起駕，手都持有各神的五寶，包圍被鬼魂扶駕佔乩的乩童，五乩童包圍一乩童在對話，剛開始只是對話沒有很大的動作。後來因鬼魂佔乩的乩童頑抗不從，就被其他五位乩童所持的法器猛砍，砍的全身是皮綻肉開，全身鮮血淋漓，就在其他乩童已全退駕後，只有那鬼魂佔乩的乩童沒退，嘴唇仍尖尖的呼～呼～呼。現場的村民個個都非常驚恐，村民看情況不對，就先把乩童送去嘉義縣立醫院，止血療傷。

可是那鬼魂的靈威不減，仍是日夜呼～個不停，全村民都很緊張，隔天村民就推派村上頭人，即是村長，到隔壁村的三山國王廟請教指點原因，經神明指示後，才知廟邊的那棵大榕樹附有女鬼魂，要求年閣已到要轉做神祇，沒有人做主不得已佔乩起駕，要村民籌資金幫她建一座小廟。全盤了解後，村長及村民都有同意，但沒有即時籌備，可能是拖延過久沒完成鬼魂的心願，又引起那女鬼魂的不滿，再次的鬧事就直接找村長理論了。

在有一天的下午三點左右，女鬼魂又附身在兩隻水牛身上，兩隻水牛同在一片草原吃草，忽然兩隻水牛開始互鬥，鬥輸的一隻就逃跑了，鬥贏的一隻跟在後面追。路途過程很玄奇的是，兩隻水牛吃草的地點距離村長的住家，約有四至五公里遠，且要鬥進村長的家須拐三個彎，巷路也很小很窄，村長的住家是間瓦屋，客廳的寬度了不起也只有十二尺寬的尺度，一隻水牛的長度也有八尺身長，兩隻水牛合起來也有十六尺身長，竟然兩隻水牛可在村長家的客廳互鬥。

等鬥完後兩隻水牛垂頭喪氣的，從巷內慢慢走出來，事情傳開後村民議論紛紛，頭人村長也有點急又怕，再次的又去隔壁村的三山國王廟請教原因，結果答案是村長沒有負起責任，時間拖太長沒有完成女鬼魂的心願，引起不滿再次的警告與提醒，下次就要你的命。

此事後也就不敢再怠慢，立即請全村民聚集開村民會議，經村民同意始籌資，在廟邊榕樹下建了一座小廟，雕了神祇賜名稱四姑，完成後神祇安座就位，四姑也沒辜負眾望開始發威，村民只要有事去請教擲筊，都得到滿意的賜筊，解決了村民很多小困難，自此村民得安寧風平浪靜。

鬼魂善惡閻羅王懲罰分明

上天諸神眾仙佛，陽間男女共生存，陰間地府鬼神度難關，天人地，天庭玉皇太帝差遣司命真君，凡間稱灶神，專在陽間司管記載陽間男女的善惡。陽人災殃禍難或病痛亡故，死後轉為陰間鬼魂，陽人死別分為，夭折死亡即是幼小一歲至七歲，夭壽死亡即是八歲至十五歲，不壽終死亡即是十六歲至五十九歲，壽終死亡即是六十歲至一百歲。

陽人分階段論成長，一歲到十五歲稱小孩，十六歲到二十八歲稱青年，二十九歲到四十九歲稱中年，五十歲到六十九歲稱晚年，七十歲到一百歲稱古稀。

陽人之一生需經過生老病死苦，最終而亡，死後轉成鬼魂，鬼魂分為善鬼與惡鬼。陽人生前身藏有三魂與七魄，死後由家人後代妥善處理喪葬過程，將屍體埋葬在墓園立碑。一魂在墓園由后土掌管，二魂在居家廳堂設立牌位逢年過節忌日供後人祭拜，三魂下陰間地府閻羅王在掌管。陽人三魂一路行，死後三魂分三路，死後有了妥善的安魂靜居，均不至於成惡鬼在陽間傷人造惡。

所謂厲鬼與惡鬼均雷同，會成為兇鬼的主因都起因於，陽人在亡故時魂飛魄散，意外災殃禍難亡故，含有冤情未雪亡故，死亡屍體無人收埋，家屬招不到亡魂，諸項亡者最容易成為陰間的惡鬼與兇鬼，且流落在陽間飄浮不定。

陽人時運不濟精神耗弱時最易撞邪陰，陽人故意與鬼魂作對，陽人侵犯或無意冒犯鬼魂盤居地，鬼魂的報復心重且會無理的報復，鬼魂無影無蹤陽人難以肉眼視之。

城隍爺——司管鬼魂的懲罰，也是鬼魂的含冤申訴管道，陰間鬼魂有冤情均會到城隍爺面前訴冤，城隍爺主宰鬼魂善惡定奪大權，凡有陰間鬼魂申冤，城隍即會差派，查察司審查鬼魂功過，再押送到城隍前定奪分輕重懲罰。輕者押去酆都受苦刑，情節重者打落十八層地獄永不得超生。

鬼魂與陽人生性很相近，陽人在世會爭權奪利，鬼魂在陰間會爭搶地盤，且同樣會惡欺善，陰間鬼魂有如社會流氓，社會混黑道會魚肉鄉民，鬼魂相對會返回陽間乞食。所謂乞食方法是，鬼魂在無人祭拜飄流在陽間，卡陽人的身體，造成陽人犯者精神異常，經神明或道家法師的判定，是撞邪陰鬼卡身，通常均會與鬼魂妥協，準備一些祭供品祭拜一番，讓鬼魂大飽一餐，再享納鬼魂財帛。這是鬼魂乞食方法，有如強盜搶奪沒什麼兩樣。

黑白無常二鬼差——該二鬼差之長相不高，黑無常名范無救身高約150公分，白無常名謝必安身高約100公分，陽人在世做惡多端，陷害使人含冤而死，殘殺他人致命，死後成鬼魂時，城隍即會派遣二差，七爺白無常，八爺黑無常，前來拘押鬼魂，左手捉善鬼，右手捉惡鬼。陰間黑白無常專在司管拘押妖魔鬼怪，陰間的鬼卒盡是青面獠牙，牛頭馬面在陰間地府多到如軍隊，通常陰間的鬼魂妖魔見到鬼卒，走的走逃的逃，牛頭馬面的任務是擔任巡邏查惡，搜索逃跑逮捕鬼魂，將鬼魂拘押送回地獄冥府接受懲罰。

東嶽大帝——專司管陽間世人之貴賤，且又掌理陰間犯鬼，陰間設有審堂專審理鬼惡之刑獄。民間陽人不孝父母棄養父母，姦淫婦女，棄屍人體，強盜殺人，放火殺人，鞭策屍體，待死後所受的刑罰均很重。在世為非作歹之人死後，鬼魂會遭斷肢成殘，開膛剖肚煎煮五臟，全身會被碎剮萬段，所受的刑罰煎熬令人驚恐萬分。

開路神——名是阡陌將軍，古時陽人死亡出葬時由開路神為前導，讓亡魂安穩上山埋葬屍體。開路神帶引眾人送行驅除鬼魅，不受鬼魂擾亂行程，現代社會進步方式改變，舊式汰除老習俗。現代的道家法師將開路神，用在引鬼魂引路來陽間，常有冤死的鬼魂渺渺茫茫，找不到陰間路與陽間路，道家在辦卡陰祭煞，吊鬼魂引路出靈時，均會畫開路神符，和鬼魂亡魂錢一起化燒，再請開路神引鬼魂出靈。

伏魔鍾馗爺——專除妖孽，又鍾馗滿腹學識深知天理，鍾馗年輕早死，因科舉不中自卑感過重，含恨羞愧撞牆結束生命。鍾馗死後成為忠勇大鬼，在有一天見小鬼擾亂陽間非淺，又屢勸不聽憤將小鬼活捉就剜雙目取來活吞，又誓言除掉天下陰陽間的所有妖孽。此事經閻羅王知情後極為感動，即賜鍾馗一支斬除惡鬼寶劍，再派遣兩位文武大將，文將專記載陰邪妖魔在陽間與陰間，鬼魂作孽之過程記錄下來。武將助鍾馗斬除陰邪鬼怪妖精魔之差事，因此民間即信奉鍾馗能斬妖魔保平安。自古流傳至今，凡鄉間有不祥兆或祭典之時，即會請道家道士扮演跳鍾馗來驅陰除邪，一般家庭廳堂會懸掛一幅鍾馗神像嚇唬鬼魂。

太乙救苦天尊——渡濟眾鬼魂，天尊能隨時化身聞聲救苦，陰間與陽間，只要有鬼魂哀嚎呻吟，鬼魂受難，魂身病痛，鬼魂被鎖喉不能飲食，太乙救苦天尊即能化身應變無窮，神通廣大功力非凡。若是陽人被鬼魂卡身，因而患病不能飲食及言語時，民間道家即會引用天尊甘露符，給犯者飲用讓患者能進食及言語。陰間鬼魂有病痛或受難時，天尊即能聞聲前往救渡，因此民間有祭典，道家辦法事，尚有書寫一紙疏文，邀請五方十路，餓鬼孤魂，含冤過往孤魂，荒郊野外路頭河海冤枉無主孤魂，謹備具筵及亡魂財帛齊供之儀，焚香以咒便語請孤魂開悟前來受納享食。同在此時化解陰間與陽間，人鬼仇恨相纏不清，勸解鬼魂有冤俱解，有仇皆消，有餓盡享，有欠該領，孤魂莫以執迷不清，莫以執迷不醒，千陰萬邪該歸正。

不法邪師詐騙方法有幾招

一、不法邪師被請看風水、家居、工廠、公司行號，均以羅盤找坐向，再解釋給主人聽，若遇有羅盤中間的池針，會震動搖擺不停，即表示此風水帶陰氣，有鬼魂時常在出入，造成主人的心理不安。所有建築物均屬不動產，主人也很難再更動，此時不法邪師即會要主人不用擔心，自有辦法破解，只要主人肯花錢，問題沒有解決不了的。

答案：羅盤有磁性，建築物有鐵類，相互碰觸接近池針即會震動，另一種是手沒將羅盤拿穩池針當然會動，若是羅盤池針遇鬼魂就會震動，那將羅盤拿到墓仔埔豈不是動個不停，墓仔埔不是鬼魂最多的嗎？

二、平時祭拜時不法邪師，即會展現個人的法力高強，增加主人的信任度，右手持香比劃幾下，抑或空手比劃幾下，祭拜的紙錢自然的燃燒起來，讓旁觀者親眼目視的嘖嘖稱奇，誇讚法力高強。

答案：不法邪師本人或指派他人，在化燒紙錢時利用拆金紙時，找機會抹上黃磷的一種化學藥品，見空氣即會自然的燃燒。另一種是黃磷見有濕度即自然的燃燒，口含水噴到黃磷就會起火。

三、以鴨蛋做基礎，誤導信眾真的卡到陰邪鬼魂，信眾眼見為憑，鴨蛋用破殼內本是蛋黃與蛋清，但祭拜過後的蛋黃與蛋清變成黑色，不法邪師再唬弄是信眾卡到陰邪，讓信眾驚恐慌張花錢消災，不法邪師得利。

答案：母鴨剛生出幾分鐘內的鴨蛋，取來浸泡醋讓蛋殼軟化成軟皮，再將準備好的針筒抽取墨汁，打進蛋殼內再浸泡生水，軟皮的蛋殼即回成硬殼，同時針孔也會密合，過幾天後蛋已變黑。更離譜的是蛋殼內有草枝，是利用針孔塞進草枝，再解釋成哪一枝草是男魂，哪一枝草是女魂。若真蛋壞掉砸破，蛋黃與蛋清會混在一起，且味道極臭，做假的蛋砸破會蛋黃仍圓圓一個，且味道不臭。

四、無論左右手被不法邪師牽過，在你不知不覺沒注意中，被牽過的手已被抹過的一種化學藥品，然後再藉機與你講話，講到適當話題時，再口含開水噴在被抹過處，一種是滴下紅色的血水，一種是滴下來黑色的血水，再以專業的口術，說你在近期有災難，讓你驚恐要你花錢消災，若沒消災後果難料。

答案：手被抹過黃磷粉，遇水成血紅色，再說你有交通方面的血光之災。另一種是遇水成黑色血水，再說你已被陰邪鬼魂卡到，若沒祭解你會有難測的災厄，抑或生大病，讓你驚恐花錢消災。兩者是血是化學藥品，取樣去化驗即分辨出來。

五、燃燒過的香灰鋪在盤子內，一會兒就會顯出人影，在人影中會顯出四肢有殘缺，不法邪師即說你祖先四肢不全，很痛苦要你幫他接手接腳，若你不肯會家敗人亡。若顯現鬼影形狀，即說你已被鬼魂纏身，要祭解，不祭解會生怪病，也會精神異常街頭巷尾到處亂闖蕩，讓你心裡不安。

答案：先準備一個盤子，將黃磷的化學藥品抹擦在盤底，黃磷粉抹畫一個人形，少畫一隻手或少隻一支腳，再請你自己帶來的香灰倒在盤內，再抹平後黃磷的蒸發時間也差不多了，黃磷見空氣即自然發酵的蒸發，即會依不法邪師所畫的影像凸顯出來，浮影像讓你親眼目視到影像，增加你的信任度，再要你花錢消災。

六、臉盆裝水平放準備在桌或椅上，不法邪師也有準備一些壽金紙已拆開，再疊成一疊放好，讓信眾隨意取出一張，平放於臉盆內，金紙遇到水有濕度，金紙即會顯出字畫或鬼影。不法邪師會依顯示的字或影像，說你卡到陰邪或災難臨頭，讓信眾驚恐的要求進一步要怎麼處理才好。

答案：金紙已動過手，先用肥皂畫字或影像，再將畫過的金紙拿去吹風晾曬過，表面用肉眼一時看不出來，取去放在臉盆內遇水，即顯現字樣或圖樣，再依顯字或顯影解說你的災殃禍難，讓你不得不信。

七、鐵針浮在水面，紙撕破成碎片，針能浮水面，紙片會跳動，不法邪師即說你已被水流屍的鬼魂卡到，沒有理它所以跳動的那麼厲害，就是鬼魂在生氣。現在已告訴你再不理的話，哪一天你到河溝海邊，你會被抓去當水鬼。

答案：一支針那麼細小不管你用什麼方法，只要針有溫度，將針平放在水面即自然浮，若是斜放必沉下。紙撕成碎片放在桌面上，手隨便拿個物器只要有溫度，隨便飛過紙的上方紙片即會跳動，尤以塑膠墊板跳動會更厲害。

八、桌上準備一個碗公盛七分滿的水，再取三支免洗筷子，在客人的面前表演，筷子直豎在碗公內站立不搖，續後再向客人說你已被陰邪卡到，你必須要注意身體健康的問題，及災難會臨頭，必須要消災解厄，等到事情發生就來不及救，讓客人驚慌。

答案：碗公內有七分滿的水，三支筷子再沾水合在一起，水未乾前有一點吸力作用，又筷子插在中間有三角頂力，若插偏左偏右，往前往後，筷子必會倒下來的。

九、桌上準備一百個十元銅幣，不法邪師不看你其中取的是哪個銅幣，只要客人說取好了，邪師即會請你握好，然後再藉機拖延時間，續後要你將錢幣放回，同時人離開坐位不看你怎麼放。回到坐位後再找出你拿過的那十元銅幣，萬無一失的找出來，讓你目瞪口呆的覺得很玄時，再告訴你銅幣會跟我講話，你被陰邪卡到，不可去賭博若不信會輸大錢。若你不賭博也會敗掉家產，你看要拿錢去做善事，抑或作法補財庫。

答案：一百個銅幣是鐵質類，在同一個氣溫下的冷度相同，握過的其中一個溫度會較高，邪師會一個一個的拿到左耳珠，先貼在耳珠試溫度，再藉故將銅幣拖到鼻孔前，以深呼吸聞銅礦腥味的溫度辨別，再將銅幣拖到右耳珠，三個定點試過後溫度較高的，即是你握的那一個，這是萬無一失，沒拿過的九十九個溫度會較低。

十、一般情侶或夫妻感情不睦時，均會求道家作法求合，也會求命理老師作法求和，不法邪師若遇到女方頗有姿色，即會動起邪念要女方配合，採邪師的精髓畫符最具威力，讓女信者信以為真的配合邪師，方法有兩人相慾、口交、手淫，邪師達到色慾目的，續後再要妳的錢，謊稱以精髓畫符，化陰陽水讓對方喝下即會愛妳一輩子。

答案：正統的道家法師，命理師，均以墨汁及硃砂做為畫符為基礎，超過兩樣均屬騙局，墨汁及硃砂經過催符唸咒，就有極具威力。

十一、男女感情不睦有諸多原因，造成意見相左，不法邪師會採用兩支青竹，約兩公尺長，圓約大拇趾大小，再將兩支青竹貼符，且平放於桌子上，準備就緒即開始為客人做感情和合，手搖鈴，口中唸唸有詞完，即請兩支青竹相合，在面前表演給你親眼目睹。邪師口喊合，手拍一下青竹即動一下，讓你錯覺邪師的法力高強。

答案：青竹前端有竹孔，先塞進磁鐵再留個細縫，邪師不穿短袖，必穿長袖且袖口要寬大，兩手再暗藏鐵類跟磁鐵能相吸動，口催喊合，續兩手配合口音拍手，只要口喊合兩手拍一下，青竹即會動一下，拍到青竹動成V型時，邪師即會停下來，再注意看尾端合不起來。

十二、嬰靈成不法邪師的賺錢工具，婦女及未婚女性，凡墮過胎，流過產，胎死腹中，心理上都會蒙上一層陰影，且永久抹滅不掉內心都會有罣礙，遇上身體健康有問題，抑或運程低落時段，又遇上不法邪師，指點嬰靈纏身即會聯想在一起，邪師隨便唬弄幾句，婦女即會認為可信度即高，不花錢消災嬰靈在陰間受苦，母體在陽間病痛。

答案：婦女無論墮胎、流產、胎死腹中，均不致有嬰靈纏身的理由存在，因幼兒三歲成魂七歲定魄，人在三魂七魄穩定後，且往生後才會有鬼魂，嬰靈尚未有魂有魄難成鬼魂，請小姐婦女們可排除嬰靈纏身。

卡陰撞邪之男女有感情桃花嗎

根據筆者長期的鑽研，未婚之男女毫無感情桃花可言，尤以被卡陰撞邪之犯者身上可見分曉。男女一旦卡到陰邪即失去意識，且常在夜晚睡眠時，鬼魂會來同眠如活人姦淫犯者，再將陽人佔為己有。鬼與人的性向很接近，陽人最忌精神耗弱時撞陰邪，也忌言語或舉動冒犯。鬼魂是不講道理的，鬼魂會拆散情侶感情，更會導引陽人犯者去自殺，最常見的是讓犯者精神異常，就醫不癒，宮壇求神也難恢復正常。

依筆者的經歷是要懂得與鬼溝通，問原因查明清楚後，再做祭拜工作。但很惋惜的是，道家並不是每位主事者都懂得溝通門道，其實鬼魂層級不高，要求的條件也不高，只要溝通得宜鬼魂也不敢太超過。鬼魂只是無理如乞丐似的，在你時運不濟時撞陰邪，它就是要你祭拜它，要你的一些日常用品，要你的經衣紙錢，鬼魂是我們陽間的人得罪不起的，一般你可以不理鬼魂，但不可以冒犯，若故意冒犯鬼魂是會被反噬的，一旦被鬼魂反噬，輕的生怪病或精神嚴重異常，重的要你命。

鬼陰也會與陽間的人爭風吃醋，常見情侶被鬼魂沾到邊的大多被拆散，被鬼魂纏到之男女，最好的方法是妥協及道歉，自己不懂須委由神壇、道家法師，代勞處理即能平安無事。若有不信邪沒有一個有好結果。卡到陰撞到邪之男女，若是未婚不要想會有桃花感情，縱有桃花感情也會慢慢的枯萎。

鬼魂專欺弱怕富強，筆者見過數百案例，富有人家精神都較飽滿，鬼魂能侵入的少之又少，鬼魂專挑貧弱者卡身。陰間的孤魂野鬼，遊路亡魂，實讓人氣到牙癢癢的，可是拿它沒轍，因它只是個影子又飄浮不定，而且鬼魂是無孔不入。避開鬼魂的方法，森陰處不去，亂葬崗不去，常發生命案地方不去，無人住的屋子不去，這些都是鬼魂避居的好地方。鬼魂是人死後的演變，人亡故有循習俗葬禮的亡魂不會去傷人卡身，會卡身的鬼魂多因有冤情亡故，無墓居在外飄流的鬼魂，只要有被卡身，終生無桃花感情可言。

肝臟觀看桃花姻緣

肝與膽相連屬，肝有病膽即不健，肝臟藏血開竅於雙眼。人有三魂七魄，肝臟藏三魂，肺臟藏七魄，魂魄守藏附體人安康，肝健眼亦明視千里。肝主筋，人體任何部位均有筋，筋顯露在表面，筋細暗藏在表皮下。肝主藏血，肝血由脾臟血庫輸送到各條筋血管，肝筋之血喜條達流暢，血脈循行。肝血若瘀濃不暢，血管易阻塞，即易造成腦中風，血管阻塞不暢人體膚色易灰黯。肝臟主宰眼睛、乳頭、肚臍、生殖器官，肝臟有病或肝虛，雙眼視物不明，乳頭灰黯如蒙塵不鮮，肚臍易生屎。肝虛有病，女性生殖器官牝戶陰唇反灰黯，同時嘴唇亦反黯，男性生殖器官陽莖龜頭亦反黯，嘴唇也黯。男女之乳頭自然灰黯如蒙塵，感情不豐，肚臍管財帛與智慧，肚臍長期生屎如蒙塵，智慧反應慢財也薄。

肝虛肝病，女性厭惡行房，男性陽莖能勃起不能持久，男性之陽莖外圍均有小血管，均由肝臟輸送到小血管，女性肝虛肝有病，陰道不能持溫，易造成性慾減退，故男女有適當性慾才能保持雙方的感情加溫。

肝虛或病人亦貧血易頭暈，女性易造成經期來潮癸水不順，非提早來洗即晚潮，也常癸水減量，更常見癸水瘀濃如豬血，常有女性經驗不足，每個月有癸水來洗即說正常，以醫學正常期，均以前次來洗到間隔二十八天為順期，提早一天或晚潮一天均屬正常。女性癸水長期不順累積下來，均會影響膚色昏黯、體弱虛寒、臉色蒼白、嘴唇不鮮紅、手卻冰冷、頭暈目眩，蹲下站起來人身搖晃不穩，雙眼閃射金星滿天飛。

肝虛有病之男女，忌爬高挑重物走遠路，均能影響男女的桃花婚姻感情。肝臟開竅於雙眼，眼主人體的監察官，辨別人事物，肝虛病視物模糊不清。肝忌受刺激，一旦受刺激肝受心火上升而蒸發即流眼淚。人體肝臟藏三魂，成年男女魂已定，幼孩魂魄未定，最易受到驚嚇而哭且犯病，成年人若受驚嚇過度，即失魂成病且精神恍惚。人之三魂七魄，白天魂魄附體，在睡眠時又動態安靜時，魂會離體遠遊，所以人在睡眠未醒前不可驚恐喊叫，若大聲呼喊常有魂尚未附體，驚恐起床人即失魂而精神恍惚。人體魂魄不自在而喃喃自語，且人在睡眠時常有夢遊之說，常人在睡覺夢見某人某事某物，在夢中驚醒時滿身大汗。眼分陰陽，男人三陽為左眼，三陰為右眼，女人三陽為右眼，三陰為左眼。

人體臟腑肝主藏血，輸送到人體各部位之大小青筋，肝臟開竅在陰陽兩眼，健康者體內諸大小青筋血量足且鮮紅活絡，雙眼視力亦明。肝虛有病者血量不足，且視力亦模糊不清。兩眼為辨別諸事萬物之監察官。男左眼為日，右眼為月，女右眼為日，左眼為月，日月相照辨萬物觀萬人。諸事要認知人心險惡與慈善，需先端眼神之流露，再論人心險惡。

貴人眼秀神清眉飛善目有光，且待人和善；富人眼神藏光眼視千里，家財萬貫；賊人眼神流露斜視，偷人財物無數，平生有官司纏訟牢獄之災；貧人眼神昏沉無神，無有多餘錢財終生困苦；淫人眼神流視浮露，平生淫人妻小夫婿；毒人雙眼兇神浮露，心藏暗害明殺之心；武將眼神藏威懼人，聲音宏亮如遠鐘，帶領千軍萬馬；文官眼神清澈，官拜高位權高位重；商賈眼神靜光，萬人相隨財富如山積；奸商眼神流露浮視斜眼，離鄉背井謀事屢敗不鮮。

臟腑肝健神清眼明天地之大，不分男女均主氣度風範，學識章理深，一生胸懷大志。肝虛有病亦眼濁神昏天地之暗，一生有志難伸展，人生謀事受人分配。

任何男女雙眼日月要分明，且眼不可過大或過小，雙眼白睛需如白玉，睛瞳需黑如珠清澈，才足稱貴氣之人。兩眼分明人生好創展，婚姻配良緣，情侶相伴感情豐富。眼神清澈黑白分明之人，身邊多心腹萬人相隨，一生不貪不取不義之財。眼神流露浮光之人，身邊無庸無心腹，眾叛親離一生貪人財物無數。

男女到中年自三十歲至五十歲稱中年，人要顯富顯貴需有眉清目秀，又俗說發科一雙眼，及第兩道眉，男女眼清眉必秀，眼昏濁無神眉必散亂，眼神清澈有神之男女兩道眉必飛揚，再精神有振之人謀事能主位，在官場定權高位重，在商場定主管或負責人，在商職必受派主管位。眼為面上五官的重要器官，男女要端觀眼是一門博大精深的一門學問，只要細心鑽研觀看，定能在短時間內熟悉，且可預知男女的桃花感情。

人生旅途是深遠的，是坎坷的，是成功的，是破敗的，是富有的，是貧窮的，是享清福或勞碌，男女先有認知觀看個人與他人。一個人的勤儉與智慧是天生，但時有不得不向命運低頭，人之一生追求婚緣桃花感情，追求事業，追求官途，追求財利，是在所難免之能事，用心計較是毋庸置疑，時有盛世造英雄，相對弱世也能造出強中漢。眼神雖清澈但人不勤快，盛世塗敗的也常有，眼有神再面宮五方四正，當可追求所願。男女眼神渾濁再面宮有缺憾，豈可任意投資填海，更不可婚配為夫妻。

● 男人左眼小右眼大／左右兩眼不相稱，其人君怕妻，左眼大右眼小主君欺妻虐妻小，兩眼有大小主是肝臟不健全，精神有障礙失平衡感所產生的。女人右眼小左眼大，左右兩眼不相稱，其女怕夫，右眼大左眼小，其婦欺夫虐夫及小孩。不分男女，兩眼無神或兩眼帶兇眼，易刑章犯法，平時無惡不做，男人平生易偷淫人妻，女易偷漢。雙眼斜視，在外視物如己為盜眼，喜偷人財物，且易欺妻害妻，女欺夫害夫難終了。

● 兩眼先天過近狹山根／人之面宮兩眉中間稱印堂，印堂下方兩眼中間稱山根，兩眼狹窄，稱日月爭輝，男人妨妻運程，女人妨夫運程，一生最忌走運，四十歲至五十歲，俗稱走鼻運，該十年最容易敗業虧錢，也最容易男拋妻棄子，女拋夫棄子，有該相理各盡不選為配偶，平生事業難展，壽命亦短。平時夫妻芝麻小事常會問東問西，管東管西，因而夫妻爭吵不斷，嚴重時導致意見不和而離異各奔東西，男再婚，女再嫁，男女重拜堂。

● 兩眼魚尾往上翹又多條雜紋／魚尾是指近鼻樑山根處為眼頭，近太陽穴處為魚尾。魚尾雜紋年輕時，雜紋不易顯現，需到三十歲後，四十歲前，才容易顯現，有經驗的人，即可在年輕時看得出來，經驗淺的人不易看懂。魚尾有雜紋，男娶妻妨妻，女嫁夫敗家，一生難立業成功。男人魚尾有雜紋，喜在外拈花惹草，女不淪風塵也偷漢，平生不安於室且不照顧家屬。男魚尾有雜紋，不與娼妓結連理，也會與娼女共居一室，女會淪為與社會黑道魚肉鄉民，結成連理，平生易淪為男盜女娼。不分男女，魚尾有斑點或生惡痣者，斑點是指灰黯之色，惡痣是指黯之色，有該相理之男女，男喜偷淫人妻，女喜紅杏出牆，男不尊妻女瞞夫。魚尾紋三至五條往上翹者，男人最忌事業有成，職位高，最會利用機會，在外包心養性找個二奶婆。女雖智慧高，但易淪為潑婦，婦女品德個性強悍，有該相理之男女，離婚率佔社會離異者的九成，夫要不離不棄的是奇蹟。

● 魚尾紋往下垂／魚尾往上紋尾又開叉，此人不分男女不得經商，也盡量晚婚，晚婚是指三十歲才成婚，但三十九歲左右有婚姻危機，當運離異之最，不可不防。若保有婚姻存在，男也易離家出走，拋棄妻小。女容易給外面男人拐走在外與人同居。魚尾向下垂之男女，心性不穩定，智慧反應與一般常人較低，是與非難判定，容易受人財物引誘，見財見物眼開跟人相隨相眠，引起家庭破裂。該相理之男女婚姻難得美滿幸福，而飲恨終生，若是婚姻完好，必有子女長大成人不孝父母雙親。

● 眼尾紋正常者為一紋微微往上翹／此人對婚婚感情較忠貞，男愛妻女，夫唱妻相隨，平生夫妻辛勤照顧家庭及子女。倘若有魚尾紋彎曲，對感情男女均多情，未婚前結交異性一至三人難成婚，縱有成婚也會婚後騙妻瞞夫不終了，常將事實歪曲成理由，藉故理由夫妻爭吵不休。男女之魚尾都有彎曲盡不互配成夫妻，若成為夫妻終是成為姦夫淫婦，刁蠻行為口語難定，不忠不仁不義的事都做得出來。

● 左右兩眼均眼神短漫且昏沉／左右顴骨又平坦者，男女婚後妻奪夫權，夫管妻過嚴苛，男有該相理者妻不但奪夫權位，一生沒有自主權，任何事與物需受妻指揮行事，若有不從必遭受痛罵指責。女若有該相理亦相同，桃花姻緣不要急，有該相理之對象盡量婉轉不成婚，縱使是不知或勉強成婚，男人不旺事業女人不旺夫，婚後也成為一對貧窮夫妻。平時有工作上班之職，只是受人支配的份，在外人緣薄，難攀上貴人相助，一生更難借力使力，無有發展之空間可言，平平淡淡過一生。眼神昏沉之人不得經商創展也妄想坐高位，只能求得有一職即是人生的萬幸。

● 眼一大一小一生難發科／此人有同父異母、同母異父之關係。眼一大一小表示父母有離異過，或是父母未婚與人同居生子，終是分道揚鑣沒有婚姻的結果。男人左眼小右眼大，主是父離異或同居沒有婚姻的結果；右眼小左眼大，主是母離異或同居沒婚姻的結果。女人右眼小左眼大主是父離異或同居所生；左眼小右眼大主是母離異或同居所生。若是父母有婚姻，而有雙眼一大一小者，非父在外納妾同居所生，即是母在外偷漢與人同居所生。雙眼一大一小必有同父異母、同母異父之兄弟姊妹，雙眼極小不成面宮的成比，無論男女均有高智慧，俗說鶩仔眼，此相理雖有高智慧但品行為人萬事均固執。眼之大小，雙眼極小，多為庶子，也常有父不詳之稱，像這相理之人多為母未婚前與異性朋友共度良宵，事後遭遺棄而生子，也有母未婚前往風化場所，賺取夜渡資不小心懷孕生子，也有母婚後在外與人陳倉暗渡懷孕所生。

● 雙眼白睛清澈如玉／睛瞳黑如珠且周圍環繞藍圈之色，無論男女均主精明幹練型，事與物經面前見過，判斷精準度極高，有該相理之人在盛世時能平凡無禍災，在亂世時也能安穩度過，一生均有好運旺事業，婚配相當，男娶富家女或貴氣有婦女品德之女為妻，女多嫁進豪門，婚後夫妻能共創事業，造就無限的商機，做事有遠見，平時待人處事親和，在社會能結交上流的朋友。

● 眼頭外型外看如鳥嘴／嘴內凸出一肉塊，在五術方面稱怒肉，怒肉本色微紅為正常顏色。青男少女在交往時需注意，要看怒肉之氣色，需將上下眼皮撥開，怒肉之氣太過赤紅，表示該人有怨氣未消，存有報仇或殺人心態，也有仇恨未了，存懷有報復禍害他人的存在，最忌未婚遇結交之對象。出現情敵在眼前，怒肉赤氣色顯出，人心必抓狂，不弒親人也殺情敵，社會上常發生為情殺人。若在商場必會為商業之業務，貨進貨出之財務，引起殺機。其實當運有徵兆可看，臉色及面容可端擬出笑容減褪，面帶兇殺氣沉沉，常是出手過重，該相理一旦出現必心神不定，時有錯殺他人之事發生。時運最忌心情錯綜複雜有喝酒亂性，不分青紅皂白，見人一言不和引殺機禍害他人。若不殺人也忌到賭場賭博，人在抓狂時賭博必輸錢財欠賭債，淪落到反被追討被殺，有該相理之人時運，稱帶血光，不殺人也被人殺，輕者傷，重者死。

● 雙眼白睛顯現赤絲亂串或雜亂／赤絲成濃血之色，黑睛周圍有赤絲環繞睛瞳，謂稱火輪圈。有該理之人不論婚前或婚後，一旦逢情敵出現必惹殺機，心常存報仇報復心態，己身如未死於非命，即有牢獄之災，此人外出必惹禍上身，也忌車禍傷身血光之災，輕者傷殘，重者死於非命。時運若有男女爭吵，夫妻爭吵，均不利於對方，閃避得及算運好命大，閃避不及死於錯亂而死。凡遇有該相理之人時，盡不予相處或談情事及談其他，逢事發生必刀刀見骨，槍槍斃命，不死也殘廢。

● 雙眼白睛有赤筋平橫串至黑睛瞳／由眼頭串平橫至黑睛瞳，由眼尾平橫串至黑睛瞳，不發生災禍也難。若是白睛有赤砂點顯現，均同有災禍，有災殃厄難，多屬於危險意外發生，有該相理之人應防被害被傷之災殃禍難。

● 在命理界有個命理不由人的警告語／農曆每月初四日、十四日、二十七日，為逆天日最惡，隨時都有危險發生，所以稱禍不單行，運不由人，事事有危險，有該相理之人常發生災險，死於意外，一般沒有相理經驗之人，傷殘死別都發生的不明不白。

● 雙眼圓大又有斜視／平時與人相談，見人不正面用斜視見人說話，出社會少靠勞力賺錢糊口，常淪為社會的要害，牢獄的人口犯，平時靠偷靠盜騙度日，該相理隨時都有不測風雲的災殃厄難會發生在身上，其人縱有成婚或與異往交往，也是偏斜桃花。

● 魚尾顯現紅黃氣色／未婚而紅黃氣色顯出，表示當運桃花旺，感情非常濃厚，此時若未有異性知交的朋友，可趁機追求異性成知己朋友，若已有男女朋友可趁此時成婚。魚尾顯現青氣色表示警告，男女朋友或夫妻，感情已出裂痕，青氣色顯現的一方，非已另結交新歡，即兩人有意外的事會爭端吵鬧，魚尾顯現灰黯氣色，表示男女感情關係已經結束，桃花已凋謝，除非灰黯氣色褪去，才能再有桃花會出現。魚尾顯現赤氣色，會因為桃花感情，互相殘殺而血光，魚尾出現灰黯氣色、赤紅氣色，會為感情纏訟官司。

● 魚尾紋顯現青氣帶有灰黑黯點的氣色／男女逢有異性知交，這種感情非正式姻緣，這徵兆是亂桃花，會為桃花對象損財耗物，不值得雙方的來往，若有不信，勉強或繼續往來，終會為情為財而飲恨終生。正緣桃花之氣色，是粉紅鮮活氣色，黃潤氣色是桃花極旺。

● 雙眼白睛顯現赤紅色／肝火過盛引發之赤紅色，可就醫治療即會自然減褪。另一種是睡眠不足熬夜所引發，將眼補睡足眠即會自然褪去。自然引發赤紅色需特別注意，周圍環境及自居環境引發災險，有該相赤紅色之預兆，應防火災及血光，當運男女不可有感情出現裂痕，若感情出現破裂必引殺機血光，輕者傷，重者亡。

● 雙眼睛瞳凸露／眼珠懸空狀似看天，此徵一出現無運程可言，有該相理之人終生難創展事業，謀職難坐高位，若創業必屢創屢敗，婚姻感情微薄。凸眼之徵，男難娶美淑之女為妻，女難嫁氣度風範或豪門，男女選擇婚姻需張亮雙眼，有凸之人沒有好姻緣，該相理最忌中年，中年是指三十歲至五十歲中間之齡，易犯官非，也難逃災殃禍難之厄。

● 眼白睛懸高者心存不善／白睛若懸高，眼神呆滯有脫神之現象者，定是身有重病纏身。眼神呆滯再嘴唇反白反黑者，即是人將死之徵兆。若忽臉色反紅，開口說話有氣無力，即是迴光返照，此人必死無疑，若有復活時間亦不長。

● 雙眼要講話前雙眼先閉下才後語／此人反應不快心帶奸，平生較為懶散，一生難成器。眼先閉舌頭再舔嘴唇，其人奸險巧詐，不得與其人有商業來往，也不得交往成異性感情為友。俗說，死後無葬身之地，即是有該相理之人。

● 白睛曝露過多／黑睛瞳極小，平生難創展，難謀高職位，家縱有祖產也會變賣家園，一生居所十住九遷。俗說醜姻緣，若有與其人結連理，終生受盡苦難無天日。最忌白睛過多與人相談雙眼又斜視，其人定會無人而自唱，走路或進門回頭看，平時惡事做多恐有人監視或跟隨，該相理之人主是死後無葬身之地。俗說：人善死後處處均是好風水，人惡死後風水亦惡。眼有斜視再眼眶盈濕，平生在外視物如己偷兒身，不事工作偷懶難維生，一生過著牢獄為家，進進出出來幾回。

● 雙眼陷深過多一生無祿／創業難有成就，謀職低，婚姻離，最忌中年敗業又離異，子女少，縱有子女亦女多男少，晚景孤獨。

● 三白眼四白眼／三白眼是黑睛瞳在中間，左右眼白非上方露白眼，即下方露白眼，上方或下方露白眼，稱三白眼，左右及上下均露白眼，稱四白眼，此人最易對感情起盜心，男喜偷人妻，成姦夫淫婦，女喜偷情，紅杏出牆，男女不安於室，對配偶不忠不貞，又刑妨親人大逆不道之人，時機一到就與偷來的情夫情婦遠走高飛，遠離親人。三白眼、四白眼之人，平時不安好心，且謀事不善更惡毒，一生偷情無數，縱己身有婚姻也是醜姻緣，生性淫蕩也易以語言傷人不友善，縱是僧尼為道，也與眾徒不能相互和睦。

● 雙眼目視有神有威／觀看人事物眼神直射，其相理最適合武官、武將職，領國家俸祿。若在商場能活耀商業，做軍火商，武場生意，事業可突飛猛進。眼神有威，下屬不敢皆叛，能成為企業家萬人相歸隨，武官威權統領千軍萬馬。該相屬貴氣，女人必婚後成貴夫人。

● 雙眼目視昏沉如醉眼／目視不足一里路，觀看人事物如剛睡醒，雙眼張不開，永難創業，永難謀高職位，終生貧困度日，雙眼沉醉之人必敗家敗產敗婚姻，縱有婚姻子女也難成器。

● 眼神能遠射之人／聰慧敏捷學識章理深，顯達社會，求利得利，求官達官之貴相。反觀眼斜視，生性淫亂，做人處事孤情寡義且貪圖，若再滿氣如煙雲，可預期命早歸陰府，縱未早亡也禍不單行。

● 雙眼過小不成面宮之比率／人雖聰敏但性急心胸狹窄器量小，難容他人眼前事務一粒砂，雙眼太小的人如再有走路蛇行，其心最惡毒，平生易犯官非坐黑牢，縱有婚姻也不完美，有子女也不孝。若是五官五方四正，不忌眼睛小。

● 肝竅在肚臍主宰人生之財與智，臍欲圓欲寬欲深欲清，腹臍忌扁忌淺忌斜忌濁，臍之大小以個人提論，不以一概而論。俗說口大容拳，臍大能容李，臍壁周圍欲清潤，忌灰濁似蒙塵，肚臍寬大且深明，主其人有財富，智慧章理深，事業好創展，桃花有良緣，男能娶貴氣美人妻，女能嫁氣度風範婿。肚臍太窄太淺，臍壁又渾濁似蒙塵，平生謀事難伸展，錢財不聚，智慧章理亂，婚姻庸俗，未婚前難紅鸞星動，難找到異性伴侶，縱有桃花也枯萎相分離。

肝臟健壯肚臍自然清潤，人格自然貴氣，肝臟虛弱有病，臍自然渾濁不清且人貧困。腹臍圓大深明人之心胸自然寬大，且生性善有良知道德。腹臍扁小淺濁，歪斜畸形，其人心胸狹窄性怪僻心無德。肚臍凸露之人生性愚貧，婚姻庸俗，人生無桃花感情，靠媒成婚，一生謀就創業難伸展。男女之腹臍偏斜崎型，語言多偏頗，若與人多交談必爭端惹禍，有該相理之人，男娶頑妻女嫁莽夫，結婚生子，子女頑劣且無才，縱有子女多人也難管教，子女長大也會遠離雙親。

肚臍生相往上朝之男女，智慧高學識有遠見，膽識過人，創業謀職容易，平生能聚財是非能果斷明智，謀創有衝勁，遇盛世往前走，遇逆世有良謀對策，婚前定有紅粉知己，婚配良緣桃花旺。反之肚臍生相向下垂之男女，生性愚蠢謀事懶散不積極，一生謀就受人支配難創展事業，姻緣婚嫁婚娶定凡人，平生無良策計謀少遠見。

貴相之人多為臍寬大深明，其人多財多智謀，財智福祿必豐厚，平生食衣住行無憂。貧病之人多為臍小臍扁臍淺臍蒙塵，貧愚之人多為臍凸露，賤人多為臍直立扁型，有該相理之男女，男喜風花場所耗散財物，女喜風花場所謀取夜渡資，怪異之人多為臍畸形。

桃花感情姻緣路

桃花感情的傳神故事之由來。桃花本是樹木中之四季花神的一種花樹，開花季節在春天叫春神。桃花所結的果子長有細毛，在成熟時，果子成粉紅色，有如女孩成長發育過程，胸部有了乳房，乳暈及乳頭均為粉紅之色，且果子與乳房形狀類似，所以古人就把桃樹與人合稱樹欉桃花面。

桃樹在成長發芽時枝葉細嫩青翠，長到相當程度即在春天開花結果，果子成熟時顏色鮮紅，才有後來的青男少女，剛成年的年齡階段，個個臉蛋清皙細嫩才有青春之稱。未曾謀面的男女在相互面對之一時，即會臉紅心跳，臉紅的氣色有如桃子成熟的顏色為粉紅色。

古人道家就將桃樹運用到人類的婚姻感情方面來招桃花，將桃枝取成兩小段各七寸長，在桃木枝上書寫男女的姓名生庚時辰，再紮七條紅絲線纏紮打對結，完成後再將桃木枝拿去埋在住家附近的十字路口，埋下深度七寸深，經過近者七天，慢者七七四十九天，桃木枝即自然發威靈力，將被招的一方湊成一對情侶。

經過一段時日，若兩人情合意投，就結成連理為夫妻，若有情意不相投就分離，才有後來的南斗星君來註生，即是結婚拜堂。北斗星君來註死，即是分開。

相對也有人心懷不軌，不安好心，專用來偷情之用，前去找道家騙說今年未婚，想娶某家少女為妻，若能娶到該女，必酬謝厚禮。道家未經查證，即替那存心不軌之人，做了法家招桃花程序，果然在半個月內，被招的少女，就迷痴愛上，造就該痴漢的不軌，兩人睡眠到天亮。隔天就傳出兩句話，少女當青春乳房特別漂亮，乳房豐滿又有彈性，那痴漢就說，我昨晚偷摘仙桃，少女就嘆說，青春未婚與人同眠，有如桃花過渡，兩句名言的由來就傳開至今。

現今社會青男少女，常有一男與多女糾纏不清，一女與多男交往，老少年齡相差過距，相識後相纏不休，也有族親愛上不倫戀。明媒正婚，純情的桃花可成親，亂情桃花不可結，純情的桃花叫正緣桃花，亂情的桃花叫偏桃花。在眾多的家庭，家已有家室卻不擺，仍起了貪戀之心，也常有畸戀不倫戀發生，所以苦主之一方，都會到廟宇尋求神明的力量來斷情。也有請民間的法家道士，斬開亂情桃花，至今民間的斬桃花之習俗由來仍永續存在，任何男女一旦有了不應該有的感情，稱桃花有跟哥哥纏，情亂意志理不清。

結紅絲線的由來

月老星君桃花姻緣一線牽。古代先人在凡間有貢獻社會樂施社會，長期助人之偉人名流世芳，先人都將其雕刻成神像，供後人敬仰謨拜。在萬神之中有一神，稱月老星君，月老星君在世，專為未婚之青男少女牽紅線，也是當時的媒人公，後來才有民間的媒人婆。社會進步的變遷，現今都以聯誼介紹方式，所以紅絲線牽姻緣的由來，是月老星君的制訂，只要已有要明媒正娶之青男少女，前去求月老，月老就會在男方的左腳，女方的右腳，纏繫上一條紅絲線，不分男女相距有多遠，都能成眷屬。習俗方式傳開後，才有月老姻緣一線牽的流傳，才有願天下有情人終成眷屬的流傳。

俗說，做好上天庭，做惡下地獄，在當時司命真君，俗稱灶神，得知月老已湊有數以萬對情侶成婚，司命真君就在當年的歲末農曆十二月二十四日上天庭萬神相會時，稟奏玉皇大帝。玉帝聽後非常高興就委司命真君轉玉帝傳奏，召月老上天庭，玉帝就賜封月老為月老星君，玉帝就賜月老星君一顆壽桃、桃花枴。後來成神在宮廟給民間奉拜求姻緣。

讀者若有發現，在宮廟的神像，一種是月老星君坐著手持一本姻緣紀錄天書，一種是月老星君站著右手持一支桃木枴杖，在枴杖上方繫有二顆胡桃。月老星君在現今社會流傳不斷有急婚之男女，但眼前沒有異性朋友，而前去廟宇求月老幫忙尋找對象，在找到適合對象後也成婚的不在少數。婚後回廟宇酬願，消息就在街坊流傳開來。也有曾向月老星君求過姻緣的男女，終沒求成的也是有的，沒求成能說月老沒有靈威嗎？當然不是月老不顯靈，若是男女已紅鸞星動，較易求成。

各人命理中的桃花分有兩種，一種是鮮活桃花，一種是枯萎桃花，也需視個人身體狀況良好又有正常的謀職工作，愛也敢正面表示，當然桃花就會旺。若是身體虛弱，生性怪僻，謀職低層，桃花就空虛，所以才有姻緣天註定，不是媒人腳賢行的流傳。

司命真君專司民間感情事

破壞人感情罵人前說人後是罪人，婚姻感情不分貧富，常有人怨人富笑人貧，故意生言造語捉弄人感情，說人這門婚事門風不相對。天庭玉帝有奏令，命凡間灶神，也就是司命真君，家家戶戶清查，若有未婚破壞人感情，就賜伊醜姻緣沒婚娶。已婚破壞人感情，就賜伊沒飯吃賜伊貧。所以作惡多端，就算你不知，我不知，必有一神知，天庭玉帝，派司命真君專在凡間，專司民間人類故意破壞他人感情，將經過全記錄，尤以為感情殺人命的為最。諸神眾仙各司其職，一年一次在民間習俗，等到當年歲末十二月二十四日，民間三牲酒禮獻紙錢，禮拜送神上天庭，萬神在天庭相會，也是民間的農曆過年，諸神在凡間守職一年，將凡間紀錄事稟報給玉皇大帝，讓玉帝知道凡間發生的事有多寡，玉帝凡人稱呼天公。

姻緣醜命註定

有緣桃花南斗星君來註生，絕緣桃花北斗星君來註死。註生即是有緣的桃花感情，註死即是絕緣的桃花。男女之間從何開始會有桃花感情產生，因人而異各有不同。人有三魂與七魄，肝藏魂，肺藏魂，男自年齡十四歲起，即有腎水精髓來潮，女自年齡十三歲起，即有癸水來洗。女十六歲骨頭定型，男十八歲骨頭定型，男女自骨頭定型後，魂魄與精髓癸水相匯集起，就會有桃花感情。以習俗時齡是過早，若以十多歲之齡就成婚，年齡尚輕實有不懂世事，且人常說，強摘的果子不甜，強要的感情不長久也不完美。

看桃花旺，桃花枯弱，俗說人面桃花，男女各自有自己的面宮，端觀個人的夫妻宮奸門部位，一般人說太陽穴，也就是眼睛尾端拖到太陽穴部位，全是人面桃花部位。若是清潤鮮紅或鮮黃活潤，即是桃花很旺，也很適合當齡成婚，婚後會幸福美滿，即是南斗星君來註生之由來。若是該部位如蒙塵即是枯萎桃花，不可勉強婚嫁，絕緣的枯萎桃花若是強婚嫁，會造成不幸，夫妻會口頭是非，禍端引起殘殺，即是北斗星君來註死之由來。

西施美女之由來

男喜娶西施桃花美女為妻。古代有位鄉村農家女叫麻姑，她的身材與容貌非常的姣好漂亮，雙手之手指細如鳥爪，人身及容貌看起來貴氣過人，凡所接觸過之物均成玉品高貴，且學有一技之長，凡人所難做到，後被稱麻姑仙女。她會釀製仙女酒，取用的材料，是一口山下井水混合靈芝及各種山上採來的藥草，釀製成仙酒，讓未婚的少女喝一段時日後，皮膚變細嫩白皙，臉色粉紅亮麗。麻姑仙女造就了不少西施美女，凡所喝過麻姑仙女所釀的仙酒，均長生除百病，且在百歲冥呼上天庭，不下地獄。麻姑仙女經過長期修道成仙，在三十六洞天中，成為其中一道洞的仙女，自古至今流傳的西施美女之由來。

民間流傳斬桃之由來

女喜嫁俊郎為夫婿。古代有位二郎神君，其身材高如棟樑，面貌傲氣過人，且身練有高強武功，功力非凡，一般良家婦女看了都欣愛如狂。二郎神君，在某一天有位貴氣過人的夫人，見到二郎神君，一時難以自我，就心馳猿念，暗中祈禱，今世若能嫁得此人為夫婿，夫復何求。天涯海角也難覓尋，夫人心想此人不為我夫，若能與之幽會一夜同眠，今生我死之甘願。經過翻雲覆雨後，發現此人竟有過人的體力，夫人反悔，夫人就說我嫁夫多年豈能與二郎相較。所以古時至今不例外的是，男女均有偷情延續不斷的演出，男在外包養二奶，女在外包養二郎，才有二奶、二郎的流傳之由來。現今社會男女在外有婚外情，均不被元配所接受，包養二奶、二郎都屬亂情桃花，這也是自古至今有斬桃花的由來。

七夕情人節之由來

姻緣路途真坎坷感情時有不由人。古有一位農家孤兒叫牛郎，出生未久父母雙親早逝靠兄扶養長大，本來兄弟兩人雖在鄉下過著生活貧苦，但兄弟倆相安無事，隨著年齡成長，兄已成婚，在婚後兄嫂即建議兄弟分房，各自生活。兄分一塊小田地，弟牛郎分到一隻老牛，生活極苦。牛郎就想到異鄉去過自己的生活，身尚有些微分文及破舊衣服，牛郎就帶著一小包袱，牽著一隻老牛同行。

牛郎被兄嫂逐出門後，含淚的說著兄嫂無情，老牛與我同行，就走。走到一條河邊，當日七夕，農曆七月初七日，天庭仙女下凡陪同織女在河邊洗澡，將身著衣服擺放在河床上，當牛郎目視，凡間竟有這新鮮亮麗的衣服，就拿起來看。此時被織女發現，就問道，騎牛郎你怎來偷看我洗澡。此時牛郎就回說，被兄嫂趕出家門由此經過非有意前來，當織女聽完也注意到牛郎是位忠厚老實人，因此即相識一段時日後，兩人成婚為夫妻。

婚後牛郎耕田，織女織布過生活，牛郎是一個孤兒，織女是皇家後代之皇孫女，雙方因家庭背景懸殊，當牛郎織女婚事被玉帝得知後非常生氣，玉帝即差派王母下凡到人間，將織女押解回天庭，自此夫妻銀河相隔。

牛郎就很傷心，那耕田的老牛更是傷心欲絕因病而死，在老牛將死前，就對著牛郎指點迷津說道，在我死後將牛皮剝下晒乾，在農曆七月七日那天，將牛皮披在身上，即可騰空而飛前去天庭追求你的愛妻，我老牛會助你一臂之力。

當牛郎飛上天庭即將趕上快要追到織女之際，隨即被王母發現，此時王母就將頭髮上的金簪拔下，憑空畫了一下，天庭出現一道光，於是牛郎就看不見。

回到人間從此牛郎就與織女天庭銀河相隔，牛郎就天天傷心哭泣，牛郎的真情被玉帝知道後，玉帝就想天下竟有真情人，於是於心不忍也就網開一面，就訂在每年的農曆七月七日為情人節見面一次。又織女下凡在銀河西邊，牛郎在銀河北邊，西北距離相隔一條銀河無法相見，也只能隔河相泣。兩人的真情感動了玉帝，玉帝就派人在銀河上架了一座橋，由西架到北，所以牛郎與織女就能在每年七夕那天，在銀河橋上相會。

廁神點迷津婚期何日來

紫姑指迷津牽姻緣問婚期。有位身材容貌姣好之鄉下姑娘，被一位富豪人家遊說納為妾，因這門婚事不被元配夫人所接受，曹姓夫人就想盡辦法除掉紫微姑娘，就在有一年的元宵正月十五夜，將其害死在廁所旁邊。消息傳開後，被灶神——司命真君得知紫姑被正房元配殺害之消息，司命真君極為憐憫，就將此不幸稟奏玉帝，天庭玉帝就將紫姑勅封為廁神。消息一傳開，民間尚未婚娶的青男少女，就在每年的元宵夜，前去問紫姑自己的婚期，婦女問生育子女數。問紫姑的習俗就在廁所旁邊先燒點三炷清香獻紙錢，即開始唸道，紫姑妳成神，今是元宵夜，夫婿不在，夫人外出，紫姑妳請出，請妳急出魂，請妳急出靈，出靈指迷津點婚期。

婚姻禮儀制訂之由來

女媧娘制訂婚姻禮儀。古時女媧娘發現民間有諸多青男少女未婚生子，由於男女相識日久生情，就童子拜觀音，而未婚生子，若雙方感情受父母接受就補辦婚事。時有童貞未婚生子，父母反對，且不承認該門婚事，造成孩子生下有母無父，社會景象不佳的觀感。於是女媧娘經過長思後，即開始制訂人倫婚禮的習俗，同姓不聯婚，女滿十六歲，男滿十八歲，才可男女成婚之俗，婚事需經過雙方父母同意，才不致未婚生子，造成有母無父之孤兒。

不孕婦女求助註生娘娘之由來

男女婚後懷孕生子的精神寄託。古時婦女懷有身孕將要臨盆時，都求於產婆，一般民眾都深信註生娘娘。註生娘娘專為民間婦女生產的產婆，據傳註生娘娘的母親，是未婚生女，因生吞了一個燕子蛋，即懷了身孕生了一個女兒，消息流傳民間，民間就將燕子稱為送子神。在每年的春天燕子來到時，就會在其屋簷下或屋內做燕子巢，若燕巢口向內，該家的人會成富貴人家，且賜該家後代生子貴氣。若燕巢口向外，該家後代生子會敗壞家風，所以註生娘娘是燕子的化身，註生娘娘的外名稱鳥母，古代至今均有。婦女生了子女，時有在身上有片灰黑如瘀青之膚色，均稱鳥母做記號。據傳鳥母做記號的幼孩，均壽命較短，註生娘娘會保佑延長壽齡。民間深信被玉帝勅封為註生娘娘，會保佑婦人臨盆平安，保佑幼子長大，民間深信不能懷孕的婦人，到廟宇求註生娘娘賜子之傳說。

拜床公床婆之由來

婦人懷孕生子禁忌多。自古至今婦人懷了身孕，若有動了胎氣身孕難保平安，諸多的禁忌，牆壁不能亂釘掛，睡床不可亂搬動，屋內不宜搬動擺置物，隨意亂動婦人動到胎氣，會致使胎兒流產，也有可能胎兒出生有四肢不全，也有可能生出畸形身軀。古時婦人為求胎兒平安，婦人順產，幼兒安康，均在習俗上拜床公，拜床婆。據傳床婆嗜好喝酒，床公嗜好品茶的流傳，所以古時人都會在每年除夕那天，準備供品、酒菜、糖果、獻紙錢，奉拜床公床婆，求幼孩安寧長大，現今該習俗已慢慢消失，均以現今民俗收驚及就醫。

拜契兄公之由來

桃花感情婚姻煩惱多，男忌娶到貧賤女，女忌嫁到風流婿，男女婚後，男在外風流嫖妓，拈花惹草交異性，女淫人夫或淪風塵。婚後最忌男女成為姦夫淫婦，這原因最容易家庭破裂，婚姻敗離。姦夫淫婦之由來，據流傳古代有位氣度風範大漢之人，有一天到妓女戶去尋歡作樂，見到藝館有位妓女，身材及容貌非常姣好，就相見恨晚，每相隔三至五天就前往一次，持續相隔半年就馬上風而死。馬上風之死，現今少有人知道，馬上風即是男人在嫖妓時身伏臥在妓女上方，因一時興奮過度，精門無能射縮，將陰部精髓投射盡空，即死在妓女裙下，稱馬上風。因該恩客無病而死，當時妓女戶娼鴇非常著驚，又恐東窗事發，事跡敗露，急就將該恩客屍體埋在床下，供藝戶妓女日夜供品祭拜，祈求生意興隆。該恩客長相，兩道眉白，鬍鬚留長白鬚，人高似棟樑，氣度非凡，就稱他為白眉神，這是俗稱拜契兄公之由來。

讀者有靈異困惑39年難題未解

依著作權法，須保護當事人的隱私，姓名及地址不公開，內文隻字未改，全依讀者的文述。

林老師您好，我是家住屏東市公園X號，60年X月X日國曆5點X分生的，陽年陽月陽日生的孩子女的，我已遷出屏東老宅，目前住高市三民區XX街X號X樓之1，每月要付貸款的房子，賣也賣不掉，我在高雄鼓山區上班，是不錯的小職員，但壞心的同事都把我造謠為太有錢和太美用我，我都陳述我沒錢不美，他們還是日以繼業（夜）說我太有目的在何我不清楚。家中我排行老2還有X年次屬雞的哥哥，為何我是中降頭？如果是遺傳得道高僧轉世也輪不到我呀！老師我先寄信給你，我會找時間上去。我的命盤八字紫微斗數都被改了命盤，我該怎麼辦？附上我小時後（候）照片影本乙份，和我65公斤的藝照乙份。現在我被下詛咒一直發胖，沒吃也胖已至83公斤，我聯絡電話07-55X3X2X轉5XX週休2日，我大哥大亞太網內戶（互）打基本免費098X-8X6X5X。

中華民國99年10月8日

林老師10月12日回某XX小姐電話。妳的來信內意已知悉，但內容並未很詳實，暫無能回答妳的靈異困惑問題，請妳續來信寫詳實明細一點。10月16日續收到來信如後。

林吉成老師您好，網站15案例只有某部分像，本人卡了近39年愈來愈多靈異，可能同事又稱我沒解掉時用了超強過運法讓我擔不好的，他們奪走我好的部分，不知是什麼法術。我30歲才開始通靈，30歲前我無法聽見不開口之音，所以被一位心臟病同事過運一直心絞痛，而查不明病因，晚上睡時常作夢。有一陣子還有東西從身體被撕裂開跑掉的感覺，還有頭部被鑽子鑽的感覺，及肚子絞痛如生產般劇痛，有時右腳拇趾像被針扎。而我在屏東被起動體內有2顆如桐（銅）板大小圓的感覺，人叫它上上就上上跑，下下就下下跑，結果破了一顆，另一顆迅速竄回心臟起動時會走動。有時會讓心臟如馬達振動，有時心臟及胃硬起來，有時喘不過氣，有時會有別人打呼奇怪聲音，準備竄入鼻腔內打出奇怪難受之奇異打呼感受。但入院查不明病因，但硬起之內臟沒對人或識對名字就迅速化掉，有時吃完東西，肚子會說人話可應答聲音千變萬化，有男有女有小孩之音，有時開水龍頭烹飪東西……等都會發出人聲。晚上一點過後只跟著我跑的夜間審判，目前自我通靈來夜間審判即瓦解。

曾在未通靈前，夏天也冷得穿外套，冬天還是一樣，且穿了身上還是冰冰的，通靈後冬天流汗如水滴下，也沒運動且冷得大家都加外套，而我卻慾火焚身的燙，現在這部分正常了。未通靈前，下體放出濃濃洗也洗不掉之消毒藥水味，通靈後，右眼有一次在眼球內有針在扎，且會跑動的扎法，眼球有時還會振動，吃東西喉嚨內部好似吸盤，東西一直往裡吸，幸好沒噎死。時常昏睡，明明睡眠充足，大白天還是被下睡降，還有吸不到空氣差點致（窒）息而亡。同事死哥哥卻讓我擔他哥往生前靈異，不知如何辦到的。我沒懷孕卻叫同事一直叫我大肚子，而我沒吃東西卻一直胖，且肚子一直大，不知什麼法術。而吃得比我多的又吃炸排骨便當的卻一直瘦，也未運動的同事。

一直有人跟著我，不知多少是人是鬼是神，聲音千變萬化的陳述說，他們是裝看的，而我某ＸＸ名字未說出，只說你是裝被看的，結果我的任何事都被那些裝看得見，我的洩密奇準無比，我真不知所措。而近期吃了同事的東西後，嘴唇或手或腳水腫，而晚上如廁動不動就睡著，之後就被一股莫名力量推下馬統（桶）滑跌在地。床上坐著也一樣，但條件如終是睡著從未醒時被推，以前都不會。以前只有一次在江山加油站，騎機車被一股力量，把我整個人拋出車外跌在地上，往大寮方向要至高雄處。民國97年在夫家鳳山睡時，有步（部）隊漸近（進）式逼近我後改尖銳之吵雜，有男女小孩混合啊的音竄入我右耳，聲音巨大無比。而回屏東同樣情形，又一次後睡2樓地板，從遠處感覺有東西一直向我這邊奔跑竄入我體內後定位的感覺。有時右腦會麻麻的，有時會聽見電磁波的聲音，在家裡房內未有電器。寵物會說人話，去拜拜神都會講話，甚至問我問題，連佛壇正廟之金獅湖廟，神爐上之龍，也會問我問題或告訴我一些事，怎麼會如此？

今天2010年10月14日，早上8點30分，莫名其妙頭髮又有感覺被人拔掉的痛，但身旁無人，就像作夢一樣，在夢中也會痛，也有感覺，也會有味覺東西向

（像）真的吃下去一樣的情形，但是人是清醒的。老師我會找時間上去，目前我無能為力，房子也賣不掉，貸款即（及）卡債壓得我有些喘不過氣，老師書怎未附老師教學光碟片，老師如果對學這途有興趣，該繳多少學費，是否有門徒。老師以濟世為本，可是我身在南部，若幸運可被老師收為徒，又設南部分公司，該如是好。

中華民國99年10月13日

請讀者提供解困方法意見

筆者讀完ＸＸ小姐之來函後，經過一番研判是卡陰撞邪，陰邪侵入軀體附耳講話甚為明顯，有沒有被下降頭，因未見到ＸＸ小姐實難理清疑點，依筆者的經驗被陰邪卡身的陽人，身體狀況必會漸漸不穩，精神異常，很難每天上班。再說若被下降頭，精神方面會極為怪異或生怪病，可是目前ＸＸ小姐尚健康，請讀者能研判出更切確奧妙之解答者，歡迎來電告知，由筆者轉達來幫ＸＸ小姐解困惑，賜教電話：02-29849687林老師。

手指訣驅趕鬼魂有相當威力

陰邪鬼怪人人怕，膽量再大也沒有不怕之人，鬼魂不怕你以粗話罵它，鬼魂是無形的，飄浮在陽間來去自如，若你侵犯到它的陰間地盤，必會遭到報復，你可不懼怕不敬它，但不可冒犯它。陽人一旦被卡身很難脫離鬼魂的相纏，當然鬼魂也不是完全什麼都不怕，鬼魂有三怕，一是符，二是咒，三是訣。一般陽人忌外出撞陰邪，都有防身的準備，最常見的是大宮大廟的香火袋，次之身帶符令。手指訣是專業人士專用，其實鬼魂最忌手指訣。隨身攜帶香火袋也是最容易取得，宮廟有去參拜可隨手取得，頂多向神明擲個聖筊就可取得。宮廟也有印刷的符令，該兩種保身符遇上小鬼或善鬼可行，若遇上大鬼或兇鬼不靈。能避凶驅鬼還是需經神明乩童開出的符，抑或道家法師開出的符才有威力。能掌手指訣是最快的驅除避邪法，因鬼魂不敢衝撞法訣。手指訣是鬼最忌的一種，所以平時有練的人處處方便處處可用。

在後面圖案中之手指訣，練熟任何一種手指訣，均對鬼魂嚇阻有相當威力之功能，練熟一種手指訣長期可用長期可防身，有如練過武術長期可防他人攻擊。練手指訣長期可防陰邪鬼魂相侵，當然手指訣是道家配合咒語專用，道家對付陰邪鬼魂一出手，手指訣一轟出鬼魂必魂飛魄散，傷痕累累。一般人若是練成也只是限於防身功能，不熟不會半路出家，僅能防阻鬼魂相侵，非行家不要任意開指轟出手指訣，以防沒驅走鬼魂反傷到己身。任意開指轟出傷不到鬼魂，鬼魂是會反噬的，一般人要防身只限於掌指嚇阻即可。手指訣防身最適合出外旅遊、森陰處所、外宿旅館、荒郊野外、災禍處所、家居不乾淨、靈異場所，只要有鬧鬼地方無所不用，練手指訣不懂，需找行家指導以免誤用。

「嚴正聲明：練不熟一知半解之人，只限於掌指訣，不得開指轟出」。

請祖師法指訣

請自己信奉主神降臨，有嚇阻陰邪鬼之功能。

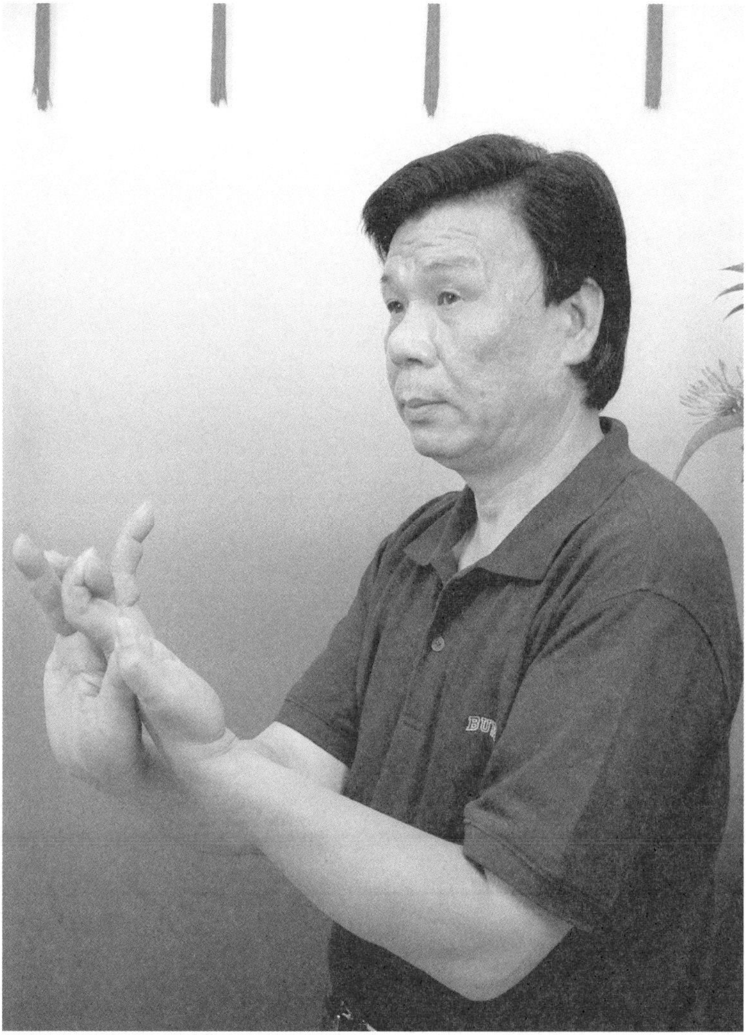

飛天斬鬼手指訣

此訣是追殺之意，鬼魂見之會主動退離之功能。

飛天斬鬼手指訣

此訣是追殺之意，鬼魂見之會主動退離之功能。

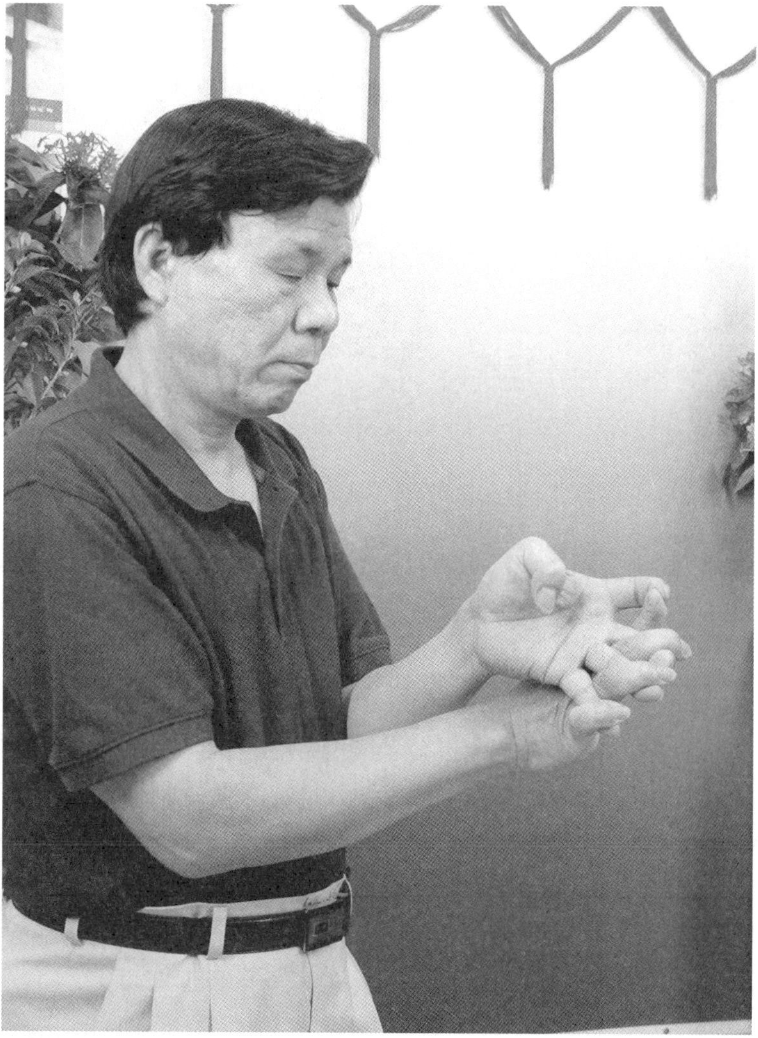

押陰邪魔保身手指訣

此訣是押鬼魂不敢前進，怕被活捉會知難而退之功能。

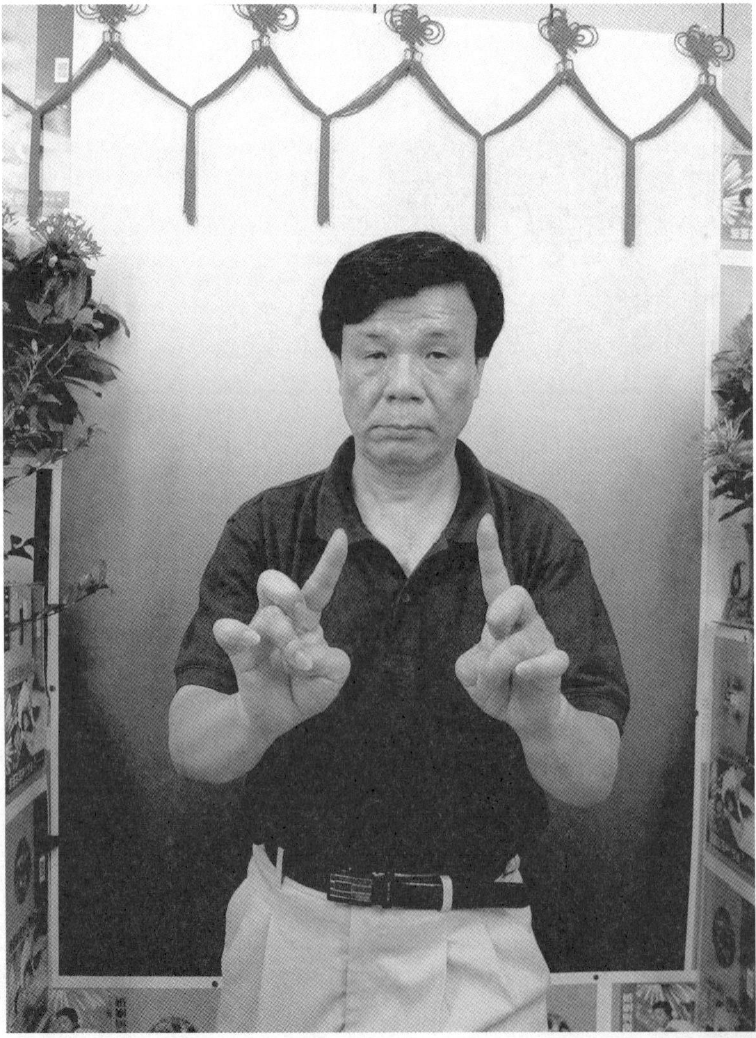

銅針追殺陰邪鬼手指訣

此訣是追殺鬼魂之意，鬼魂若敢前進會被刺傷，有嚇阻作用之功能。

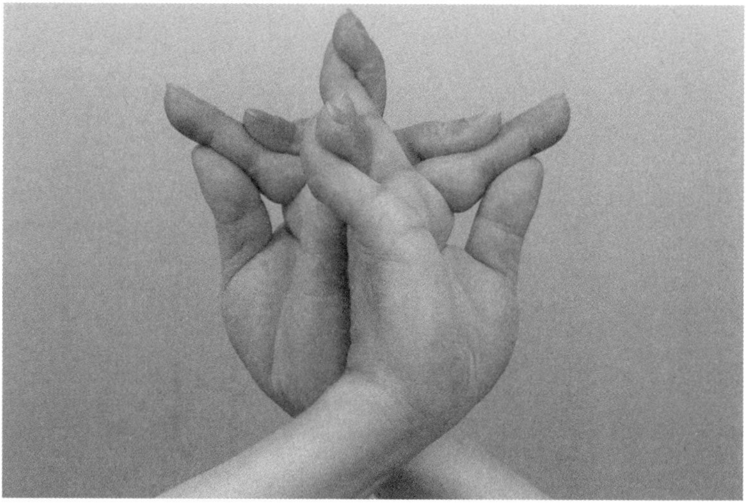

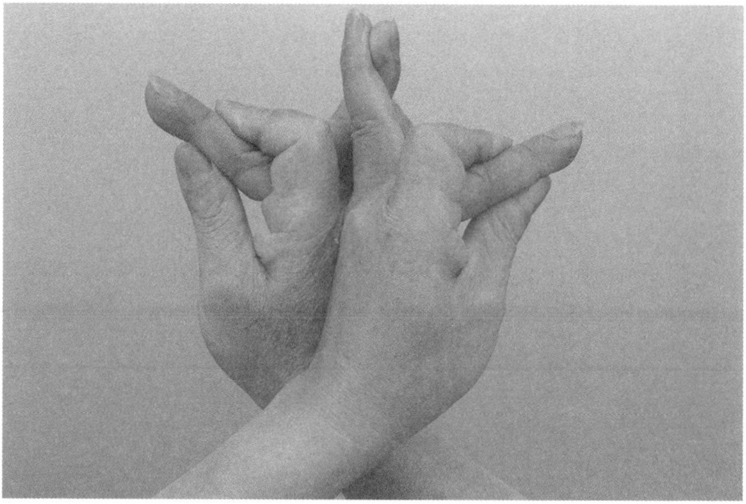

八卦鎮宅押煞手指訣

此訣是家居或公共場所有靈異不安寧時，有鎮宅押煞之功能。

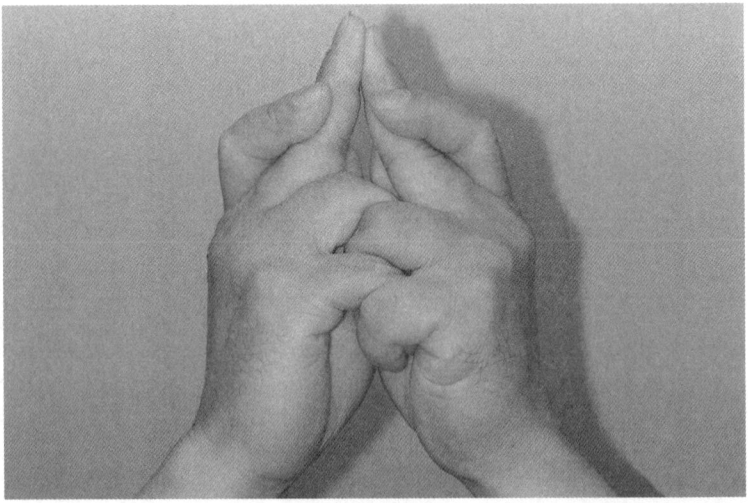

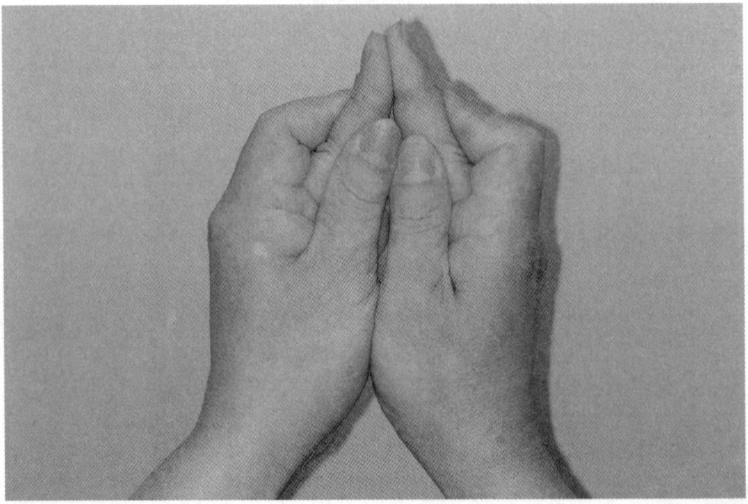

勅符手指訣

此訣可憑空畫符，憑空畫嚇阻鬼魂相侵之語文之功能。

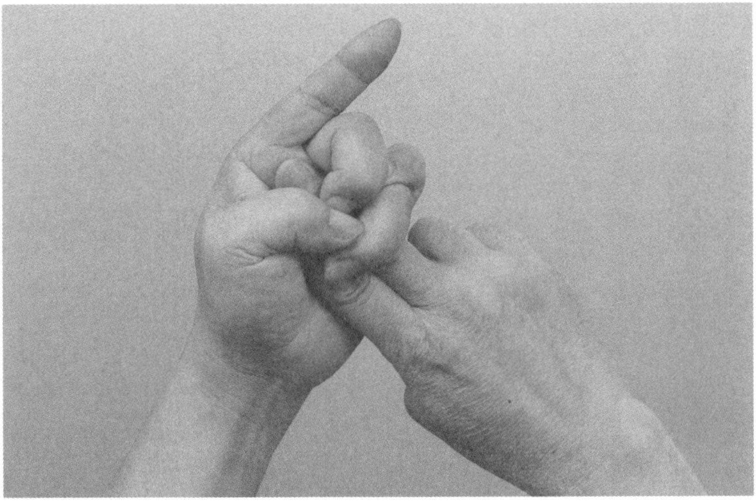

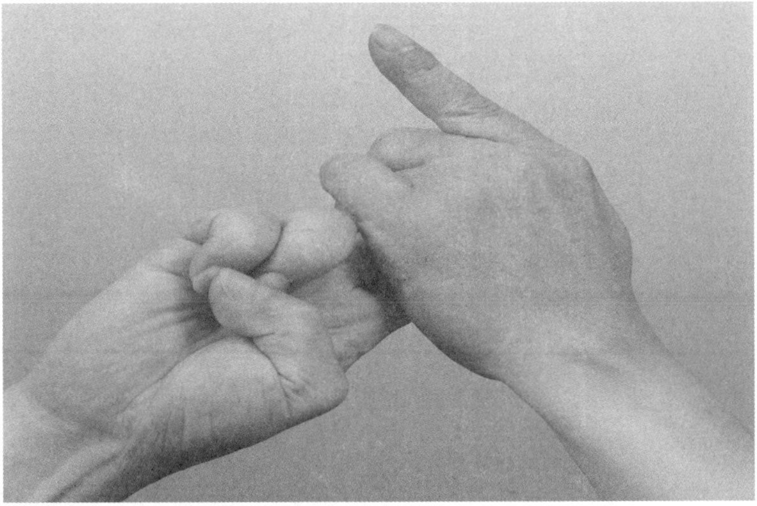

玄天上帝帶劍驅鬼魅手指訣

此訣是追殺鬼魂之意，兇神惡魔見之會自動退離之功能。

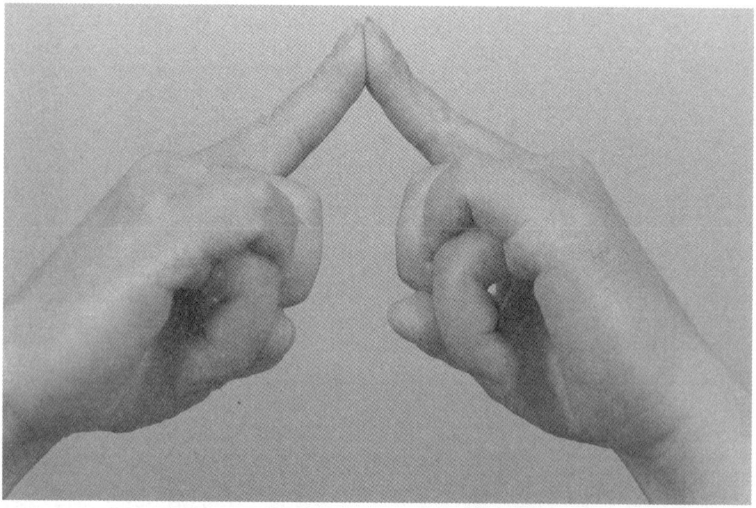

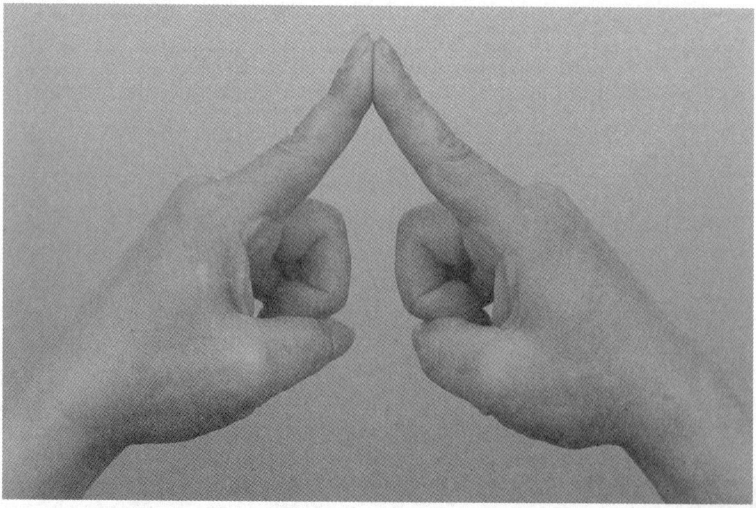

追斬兇神惡鬼手指訣

此訣是追殺之意，鬼魂若不從一旦開指，如被箭射到之功能。

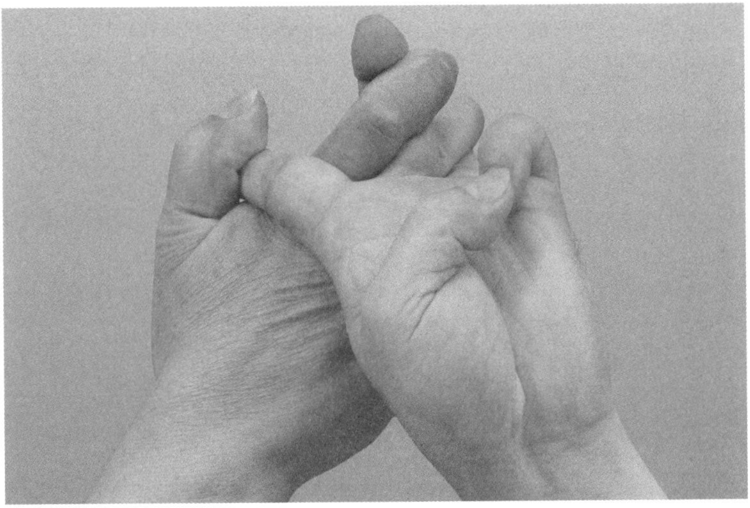

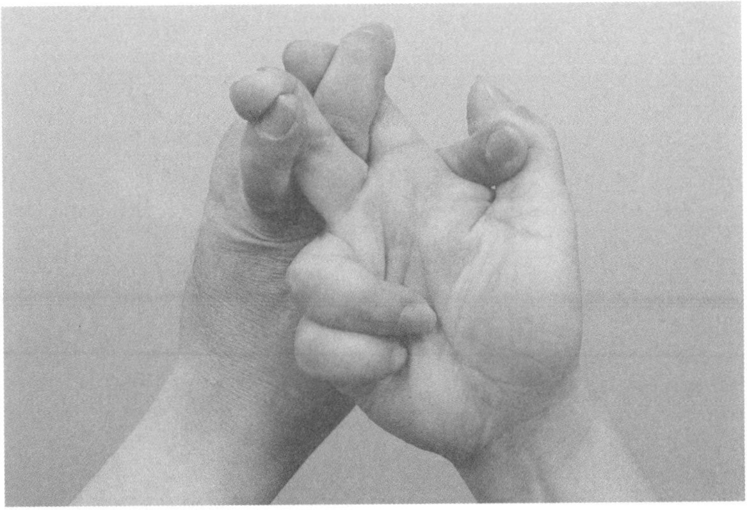

金剛鐵叉伏鬼魔手指訣

此訣是刺殺之意，鬼魂若被刺到必粉身碎骨之功能。

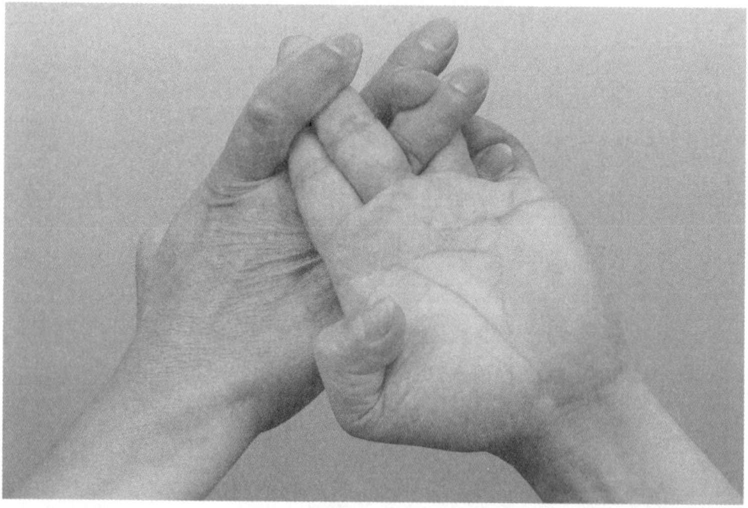

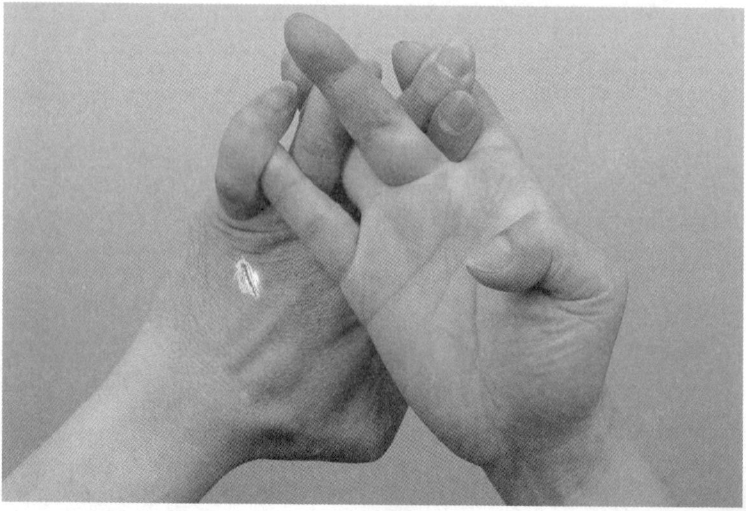

雷公轟陰邪鬼手指訣

此訣是轟打鬼魂之意，鬼魂雷公指轟到必有魂飛魄散之功能。

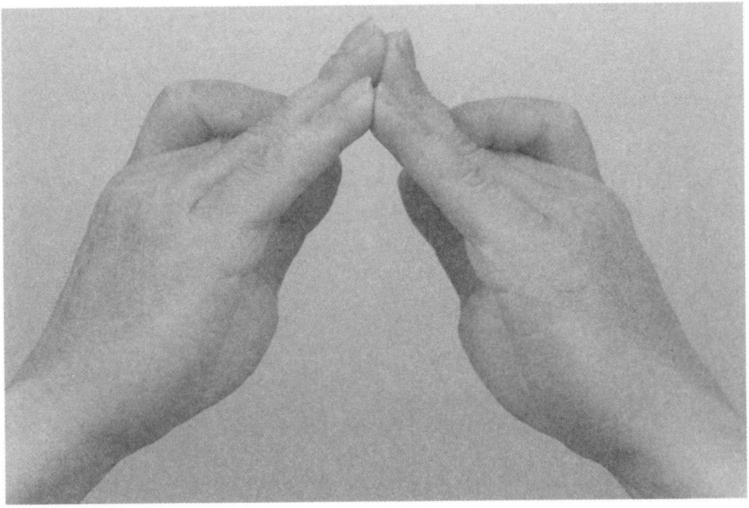

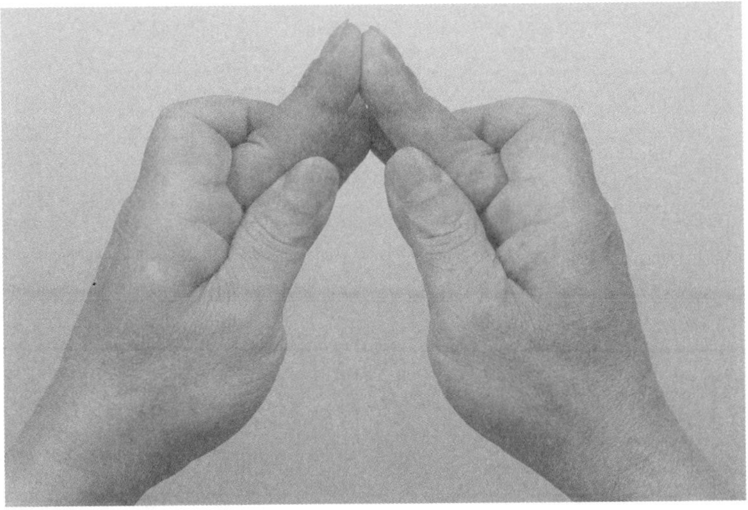

驅趕陰邪鬼手指訣

此訣是驅趕鬼魂離開現場之功能。

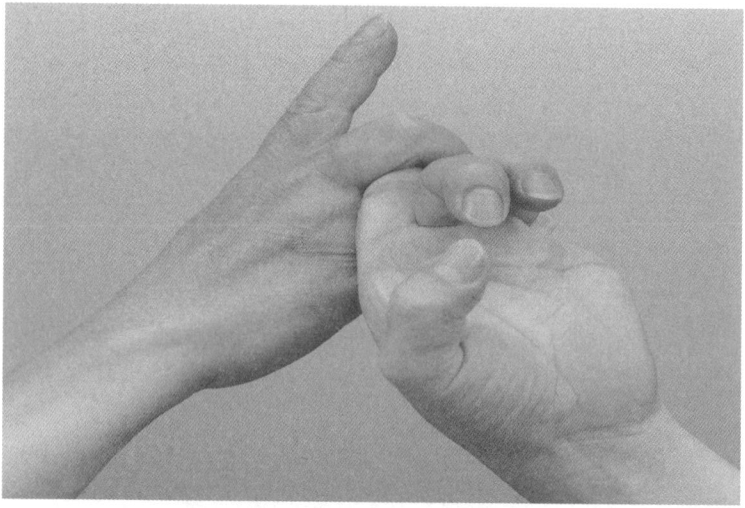

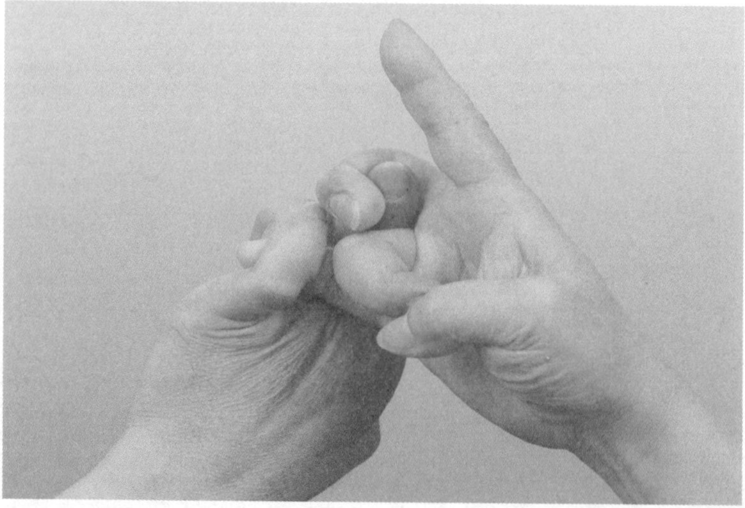

押捉陰邪鬼大將手指訣

此訣是押捉鬼魂之意，鬼魂若敢前進指一開出，必被活捉囚困離不開之功能。

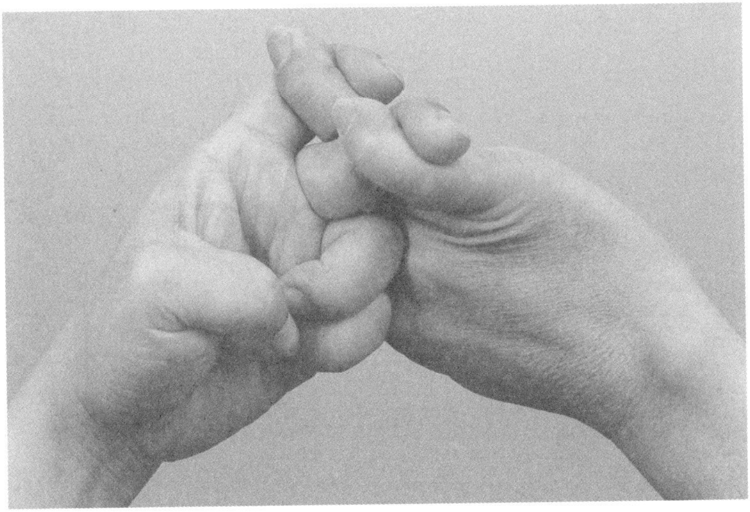

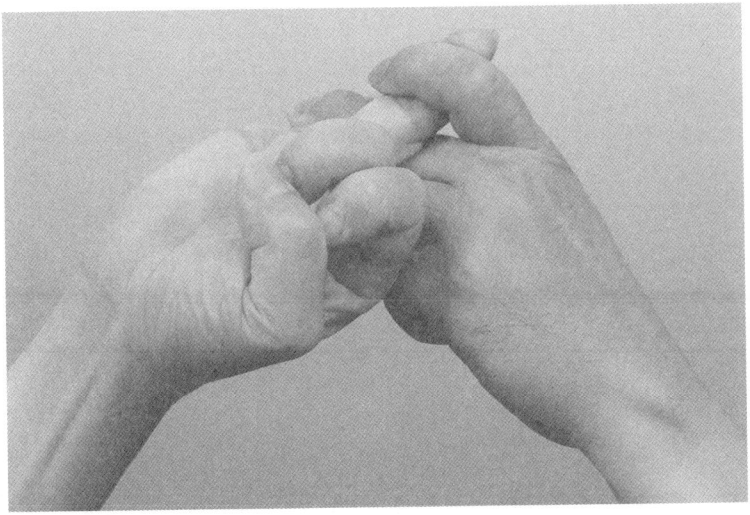

驅邪縛鬼大將手指訣

此訣是驅趕不走，敢頑抗指一開出，必有被五花大綁之功能。

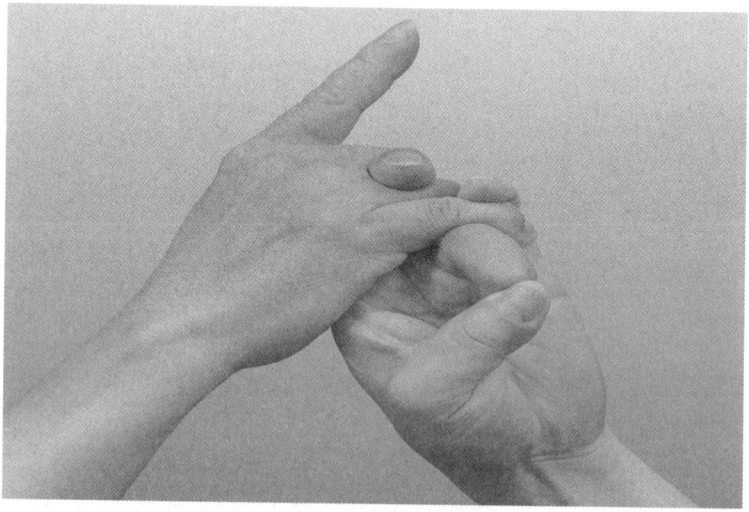

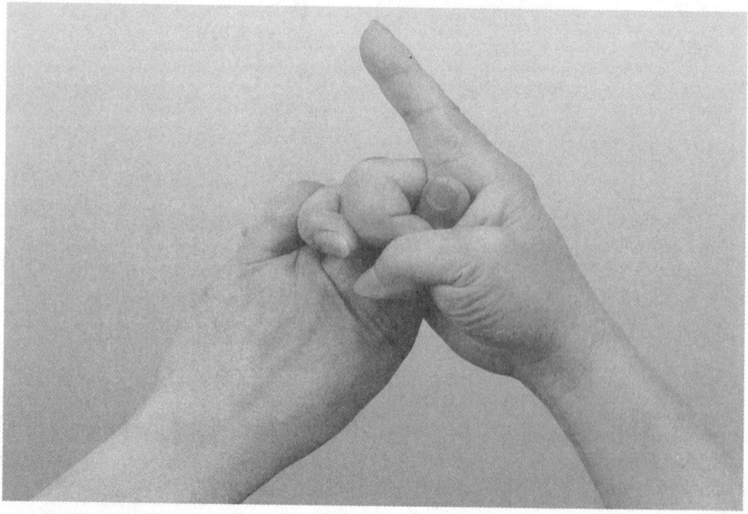

攝捉陰邪鬼手指訣

此訣是有捉鬼魂來囚禁之功能。

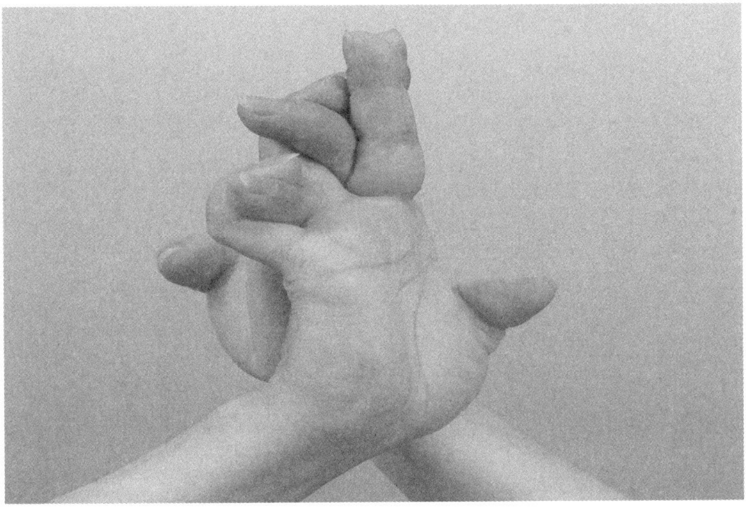

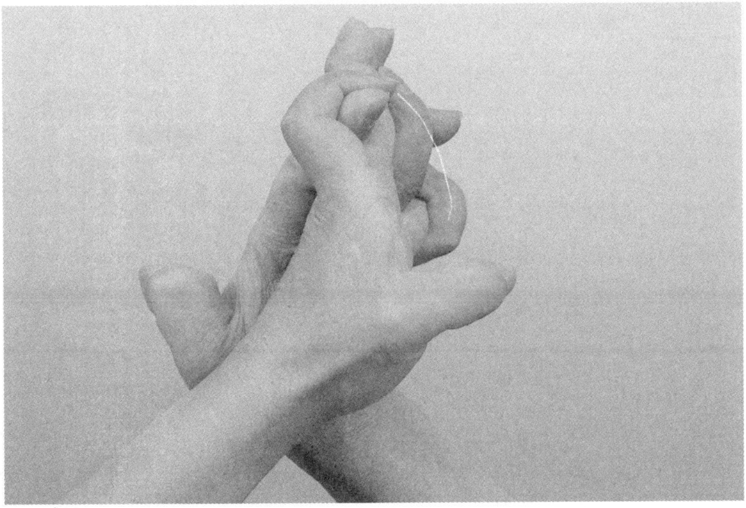

吊魂勾魄返回手指訣

此訣是人被鬼魂嚇到時，精神失魂魄散，可將自己魂魄勾返回來附體之功能。

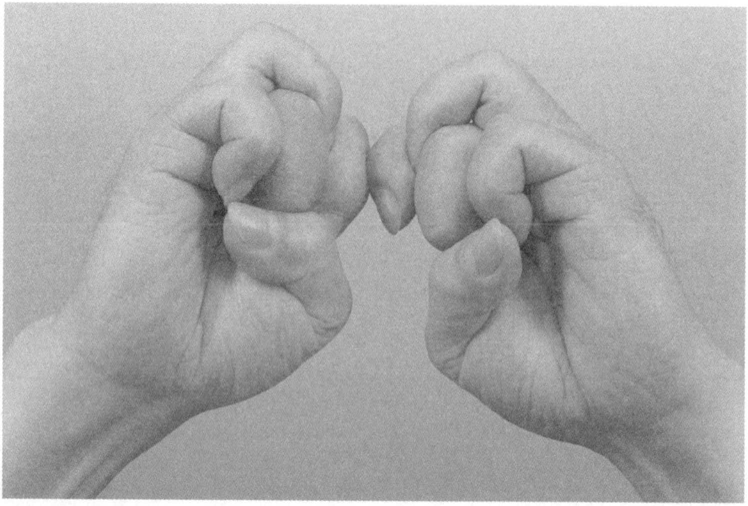

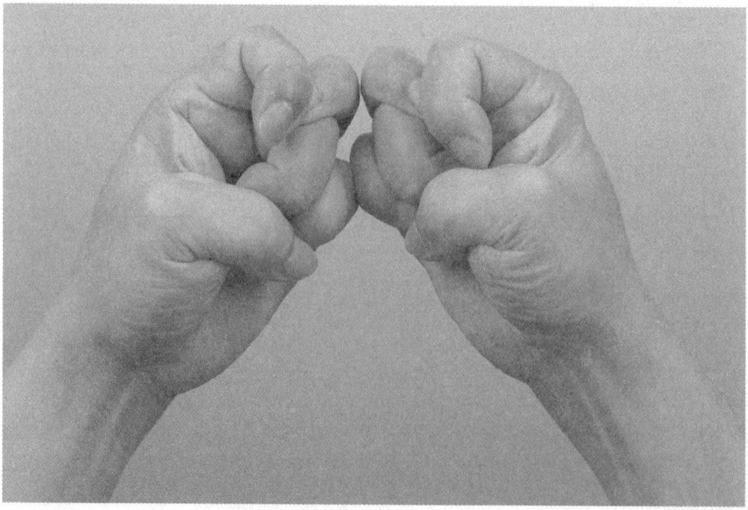

安魂定魄靜心手指訣

此訣是心靈不安，可將此訣附貼在胸前，讓心神安定下來之功能。

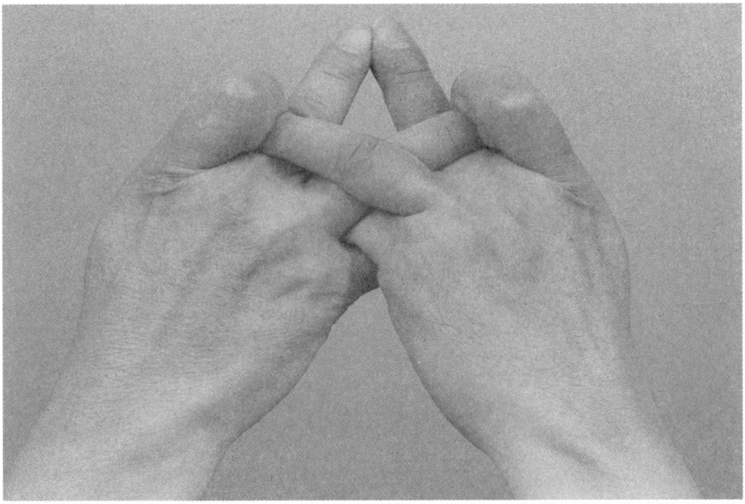

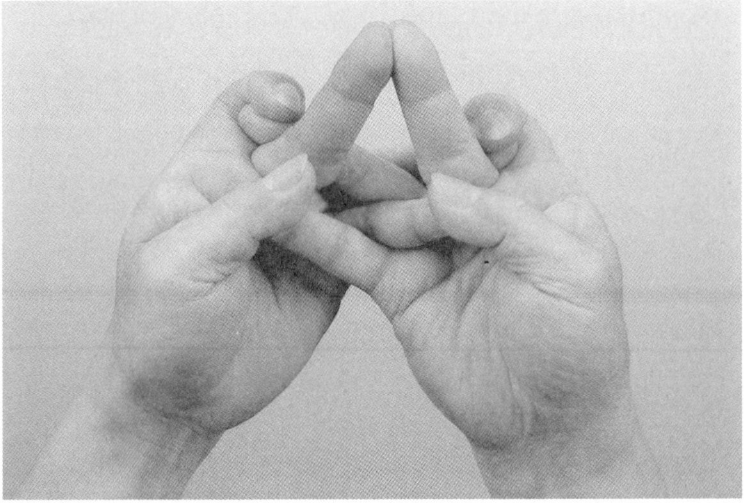

消災祈福手指訣

此訣是遇到不吉祥時，將此訣附貼胸前以求平安之功能。

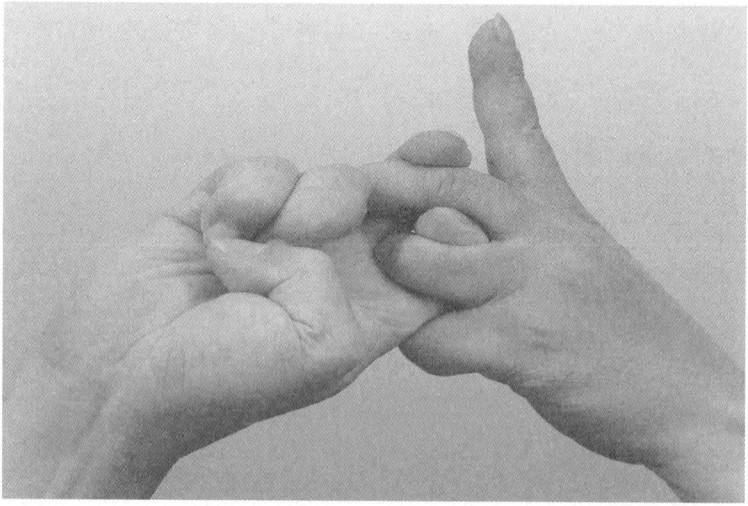

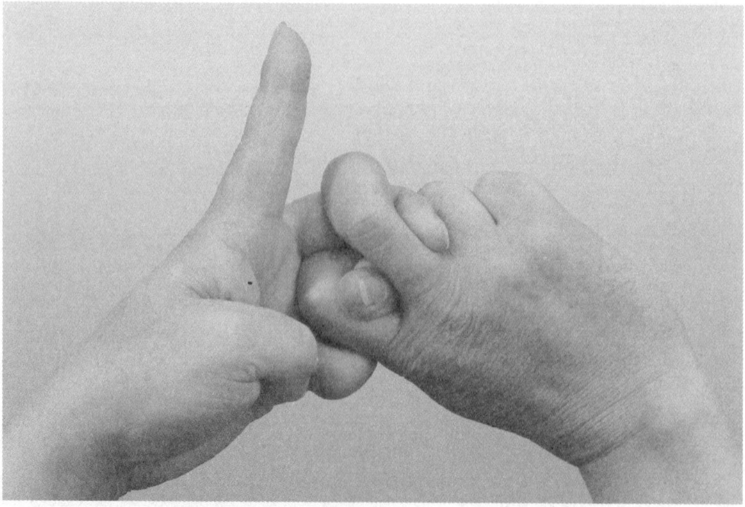

九天玄女押送陰邪鬼手指訣

此訣是驅趕鬼魂離開現場之功能。

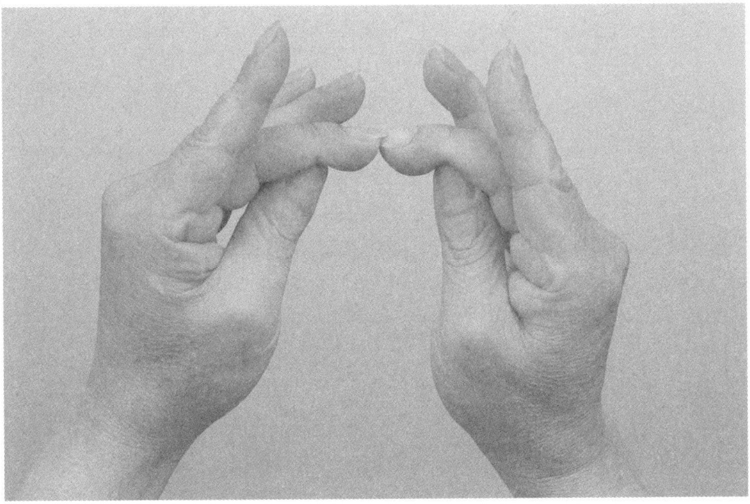

穿心破陰邪鬼手指訣

此訣是刺殺鬼魂之意，遇鬼魂反抗指訣一開出，有如被箭射殺到之功能。

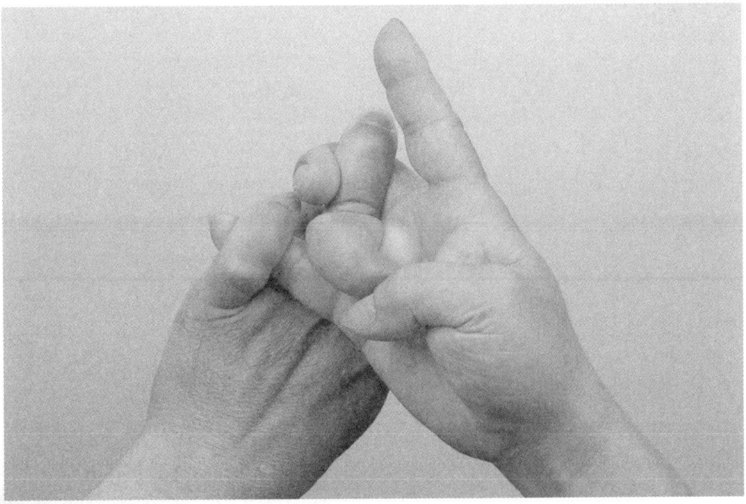

哪吒太子追殺手指訣

此訣是有驅趕追殺之功能。

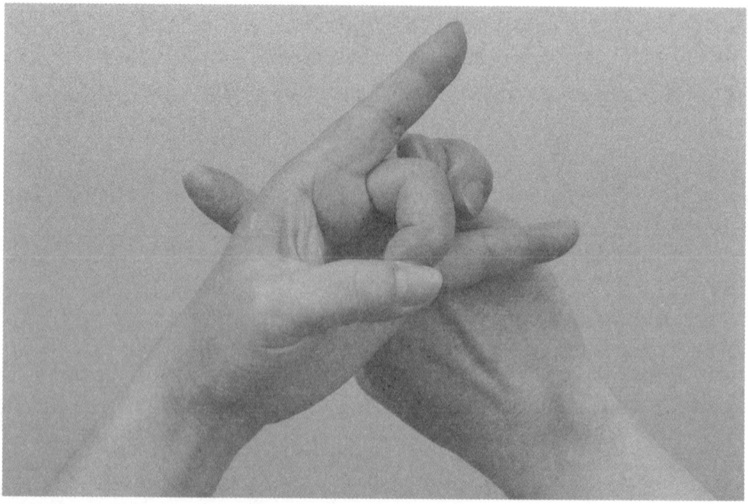

收服兇神陰邪鬼手指訣

此訣是捉鬼魂之意，遇到鬼魂頑抗時，可收服囚禁之功能。

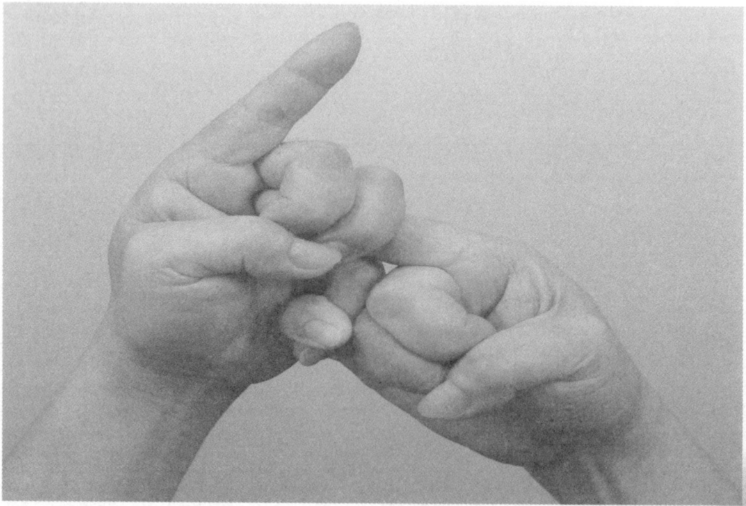

驅押陰邪鬼手指訣

此訣是驅趕鬼魂離開現場之功能。

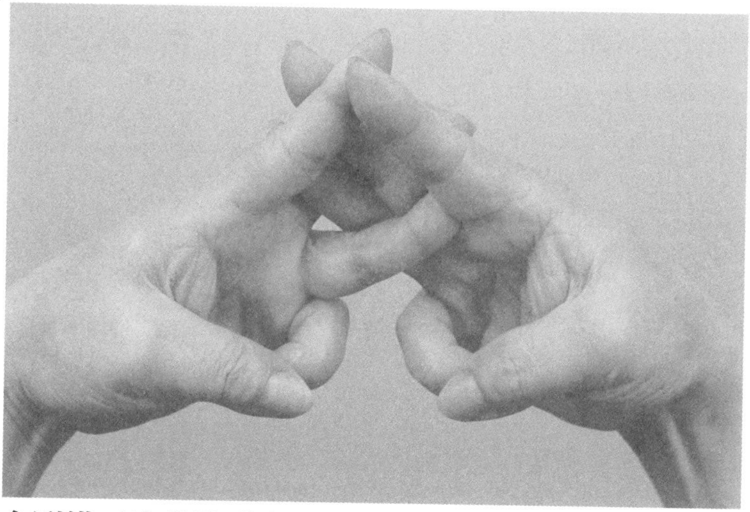

金剛鐵刀追殺陰邪鬼手指訣

此訣是追斬兇神惡鬼之功能。

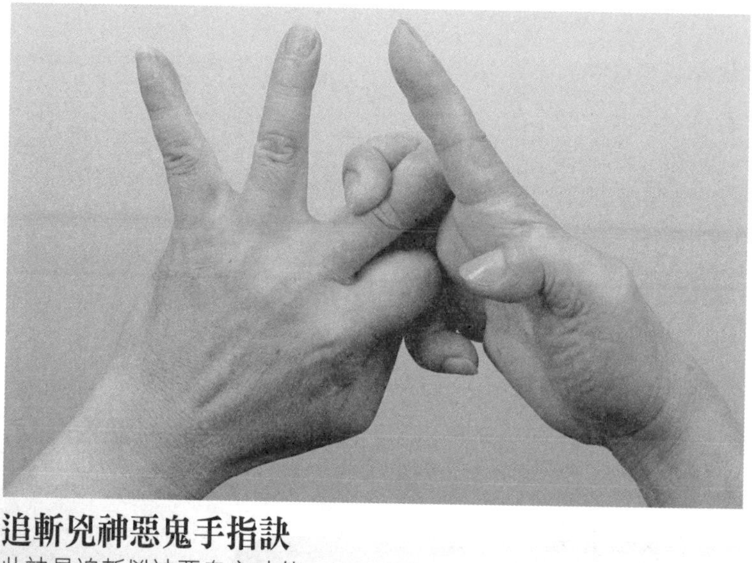

追斬兇神惡鬼手指訣

此訣是追斬兇神惡鬼之功能。

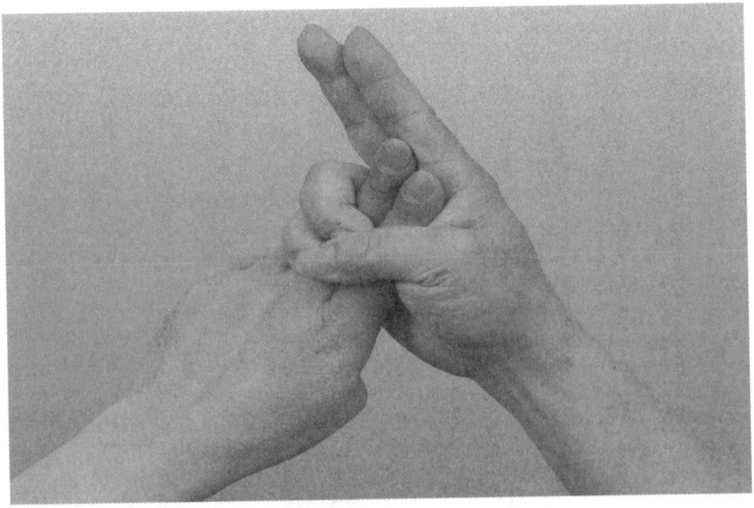

雙劍追殺陰邪鬼手指訣

此訣是追殺斬鬼之功能。

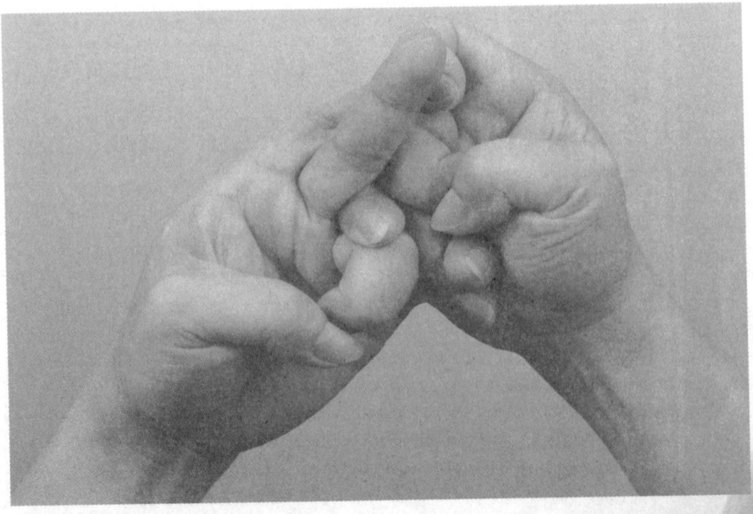

鐵鍊鎖陰邪鬼手指訣

此訣是遇到鬼魂頑抗不服，鎖鬼綁邪之功能。

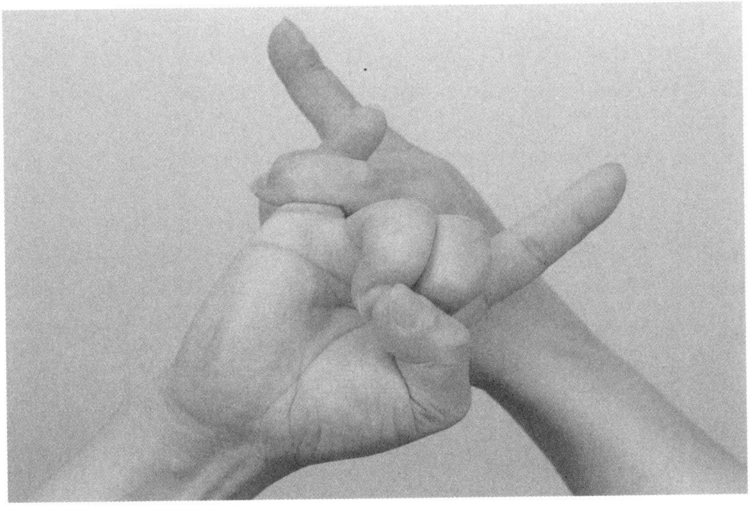

請神速降手指訣

此訣是請你自己信奉之主神降臨，保佑平安之功能。

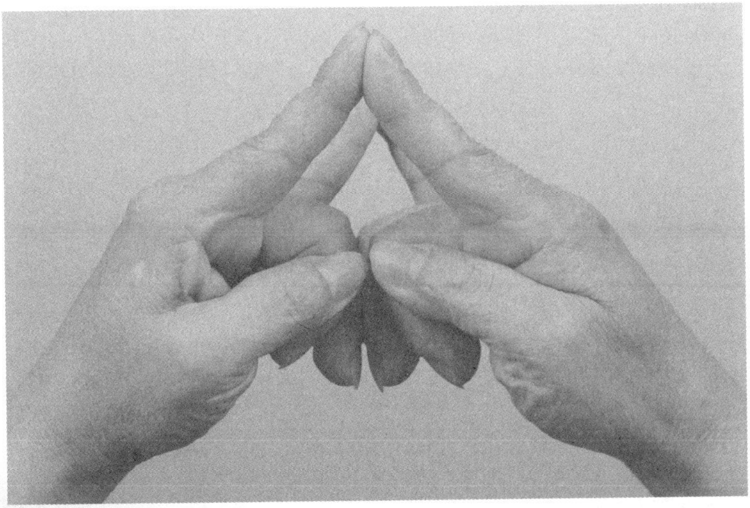

解厄開運手指訣

此訣是現場覺得怪異，可將此訣開出，解開運程得到安寧之功能。

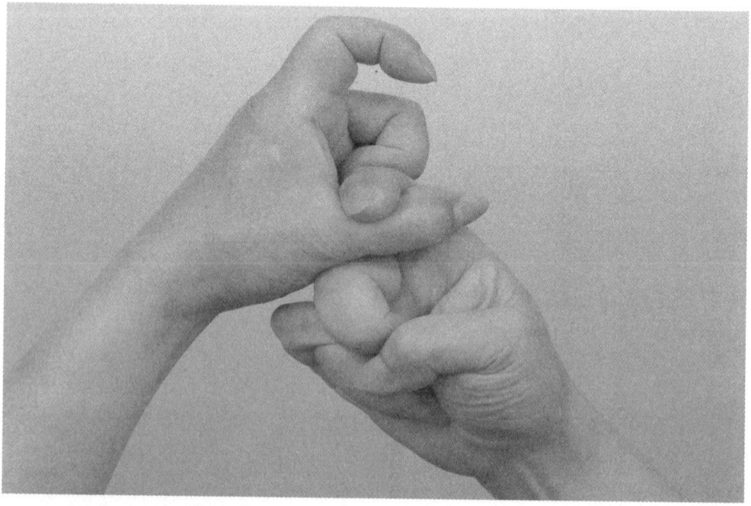

勾魂魄返回手指訣

此訣是遇到鬼魂嚇到魂飛魄散時，將魂魄勾回來附體之功能。

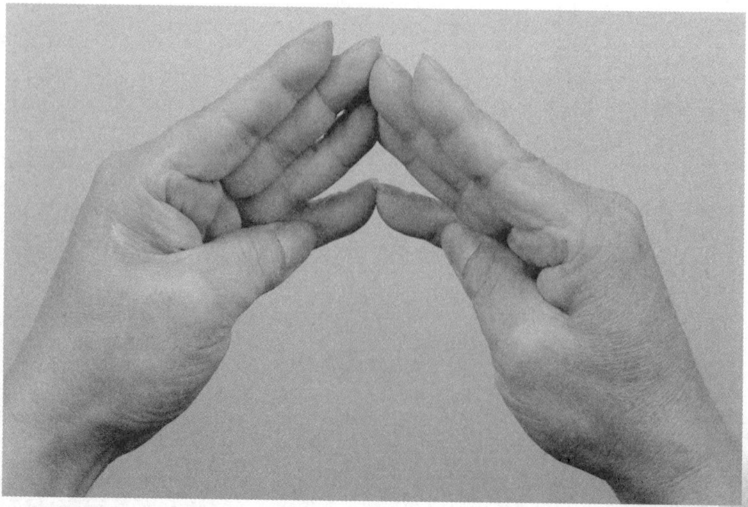

召回魂魄手指訣

此訣是人一時失魂，將魂召回附體之功能。

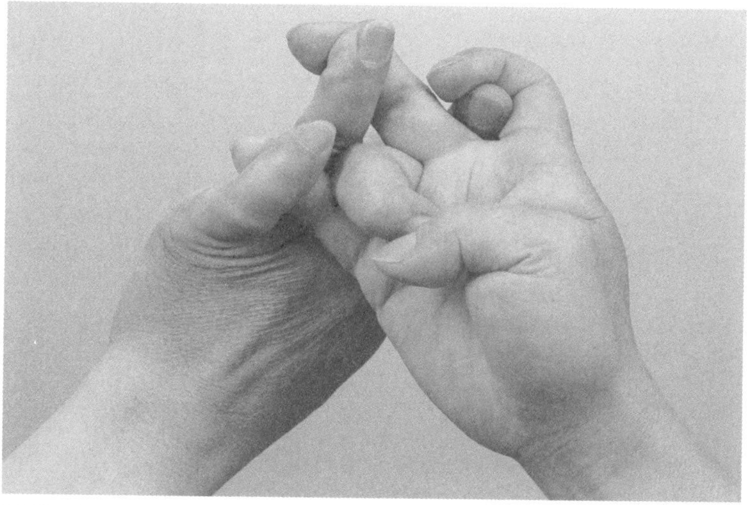

鎖綁陰邪鬼大將手指訣

此訣是遇到鬼魂頑抗不從，鎖鬼綁邪之功能。

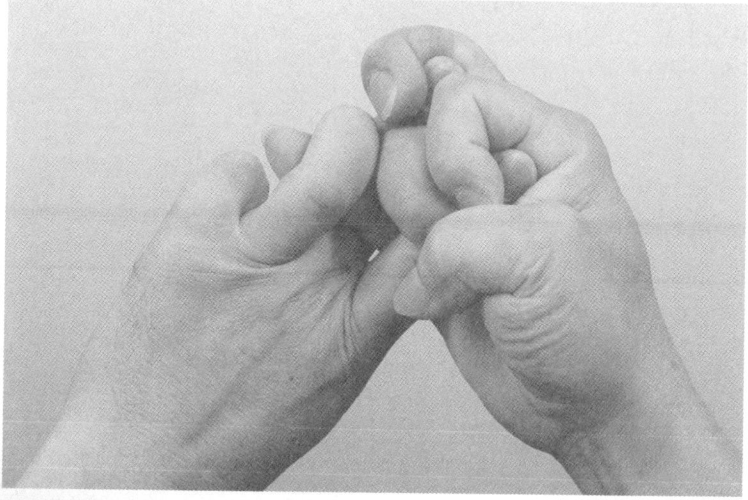

銅枷綁陰邪鬼大將手指訣

此訣是遇到鬼魂頑抗不從，鎖鬼綁邪之功能。

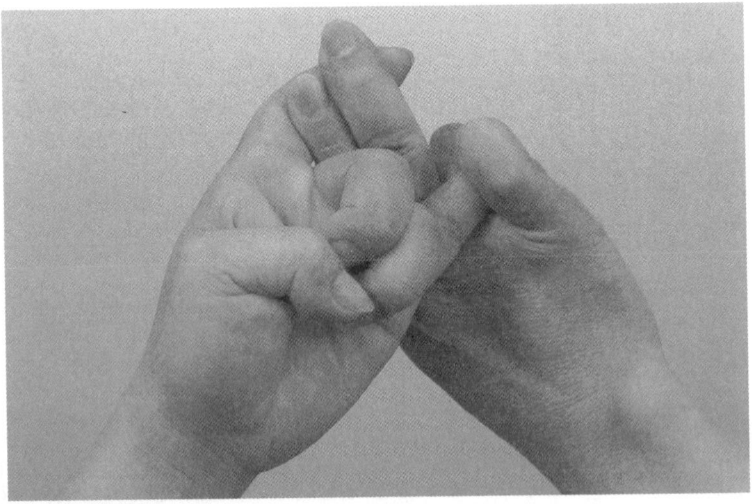

銅枷鎖綁陰邪鬼手指訣

此訣是遇到鬼魂頑抗不從，鎖鬼綁邪之功能。

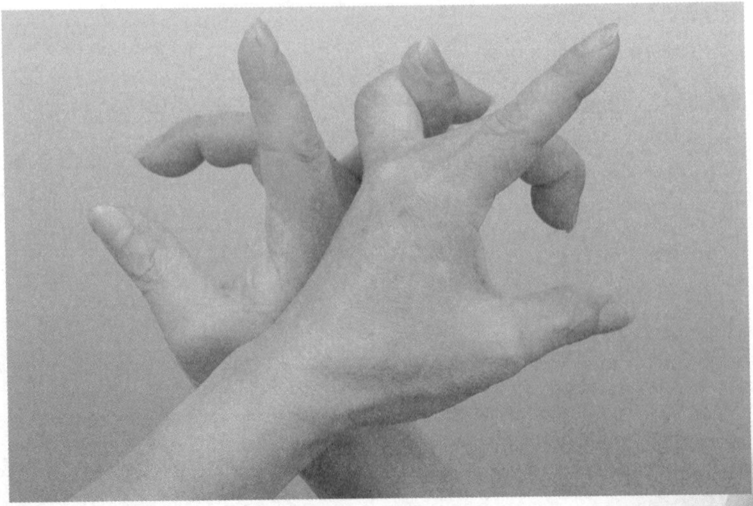

鐵練鎖綁陰邪鬼手指訣

此訣是遇到鬼魂頑抗不從，鎖鬼綁邪之功能。

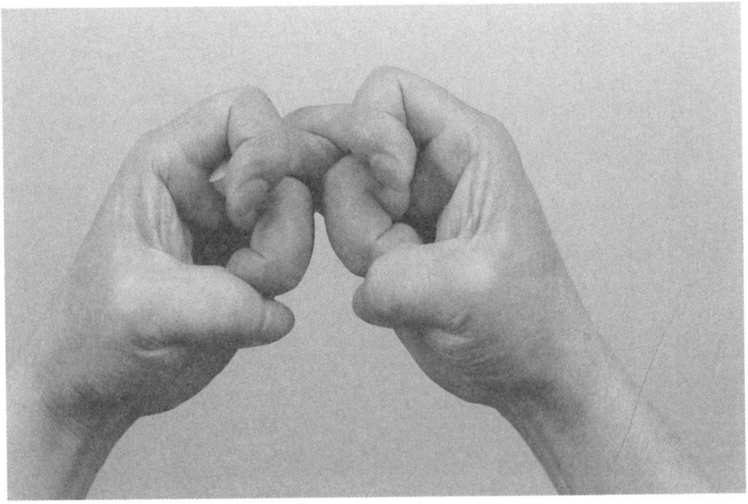

雙五雷轟陰邪鬼手指訣

此訣是遇到兇神惡鬼，轟走鬼魂，若有不從雷指一轟出必有魂飛魄散之功能。

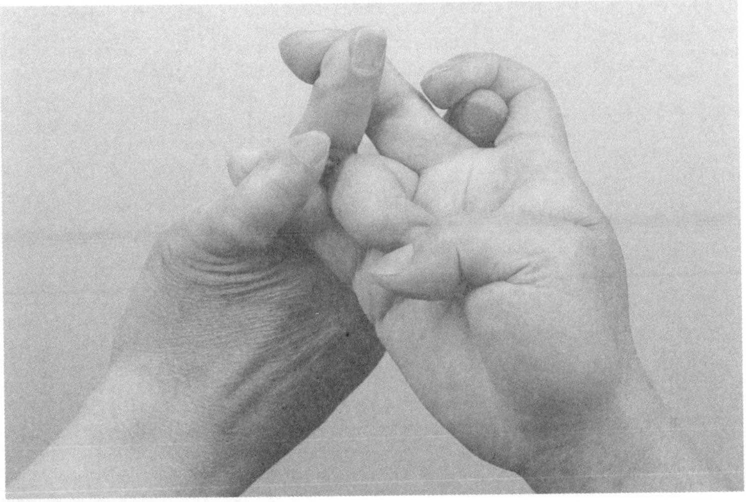

五陰雷轟陰邪鬼手指訣

此訣是遇到兇神惡鬼，轟走鬼魂，若有不從雷指一轟出必有魂飛魄散之功能。

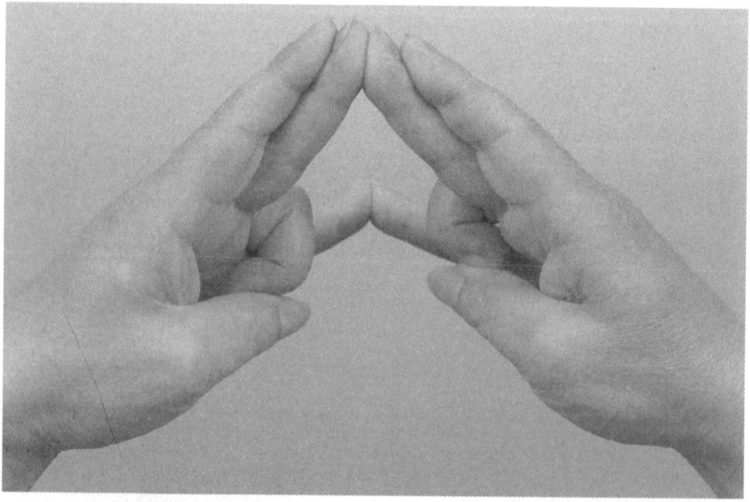

活捉陰邪鬼魂手指訣

此訣是捉鬼魂來囚禁之功能。

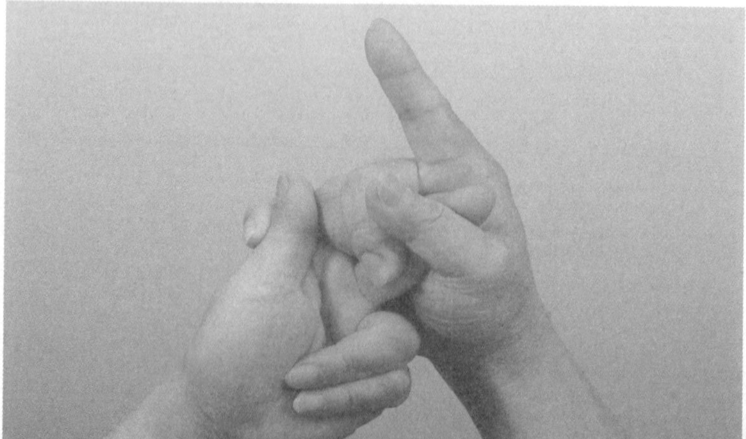

勅大小孤魂和合手指訣

此訣是遇靈異鬼魂爭吵時，可將此訣開出鬼魂即會安靜之功能。

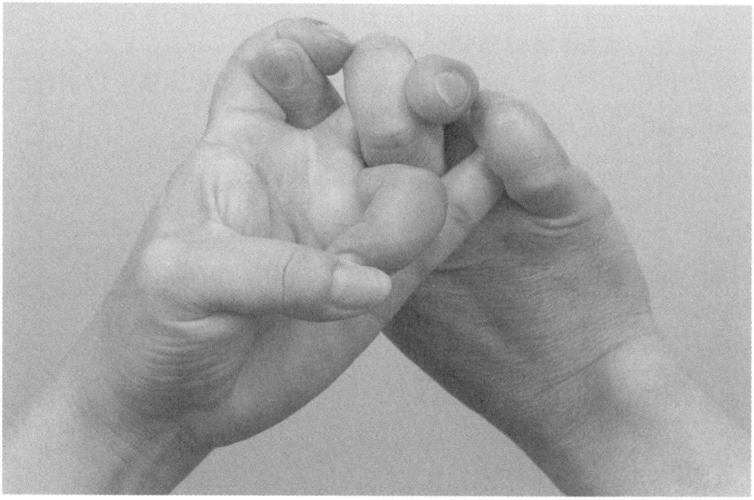

保身驅退陰邪鬼手指訣

此訣是遇到鬼魂將此訣附貼在胸前，保平安之功能。

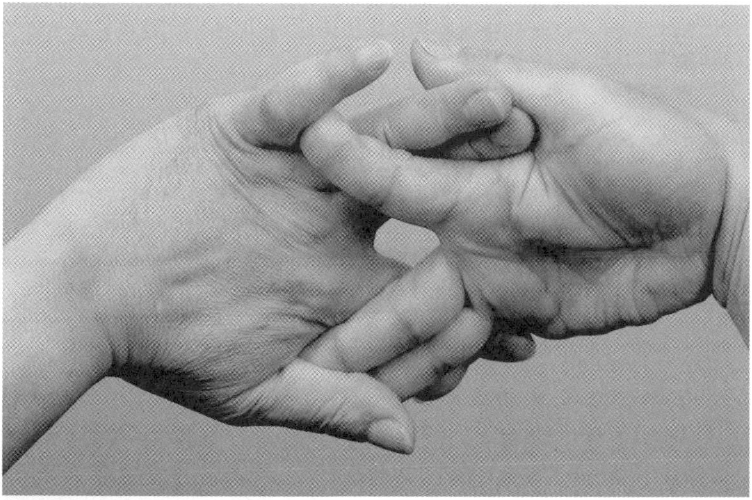

八卦護身驅退陰邪鬼手指訣

此訣是遇到鬼魂將此訣附貼胸前，保平安之功能。

國家圖書館出版品預行編目資料

靈界鬼魂會講話 / 林吉成著.
－－第一版－－臺北市：知青頻道出版；
紅螞蟻圖書發行，2013.12
面 ； 公分. ——
ISBN 978-986-6030-83-3（平裝）

1.通靈術

296.1 102020908

靈界鬼魂會講話

作　　者／林吉成
發 行 人／賴秀珍
總 編 輯／何南輝
美術構成／Chris'office
校　　對／周英嬌、楊安妮、林吉成
出　　版／知青頻道出版有限公司
發　　行／紅螞蟻圖書有限公司
地　　址／台北市內湖區舊宗路二段121巷19號（紅螞蟻資訊大樓）
網　　站／www.e-redant.com
郵撥帳號／1604621-1　紅螞蟻圖書有限公司
電　　話／(02)2795-3656（代表號）
傳　　真／(02)2795-4100
登 記 證／局版北市業字第796號
法律顧問／許晏賓律師
印 刷 廠／卡樂彩色製版印刷有限公司
出版日期／2013年12月　第一版第一刷

定價 320 元　港幣 107 元

ISBN 978-986-6030-83-3　　Printed in Taiwan